Auf den Spuren von Hans Christian Andersen
Von Braunschweig bis Leipzig

KULTURREISEN IN SACHSEN-ANHALT

BEATE HAGEN

AUF DEN SPUREN VON HANS CHRISTIAN ANDERSEN

VON BRAUNSCHWEIG BIS LEIPZIG

HERAUSGEGEBEN VON
CHRISTIAN ANTZ

FOTOGRAFIEN
JANOS STEKOVICS

VERLAG JANOS STEKOVICS
DÖSSEL

Inhalt

Zum Geleit

Es macht richtig Freude, dass mit vorliegendem Buch die unbekannteren Seiten Hans Christian Andersens sowie Sachsen-Anhalts im Mittelpunkt stehen. Einige haben vielleicht von Hans Christian Andersens Tage- und Reisebüchern gehört, nur wenige haben sie tatsächlich gelesen. Dabei sind sie ein wundervolles Lese- und Reiseerlebnis, wenn man sich auf den Blick und den Stil von Hans Christian Andersen einlässt. Es begegnet einem zunächst ein Deutschland mit den Augen des sinnlichen Romantikers gesehen, die Darstellungen der Landschaften erinnern an die berühmten Anfangszeilen des Märchens „Das hässliche Entlein“: „Es war so herrlich draußen auf dem Lande, es war Sommer! Das Korn stand gelb, der Hafer grün, das Heu war unten auf den grünen Wiesen in Schobern aufgesetzt, und dort ging der Storch auf seinen langen, roten Beinen umher [...]“

Solche Bilder zu schaffen, war die Kunst von Hans Christian Andersen und man lässt sich gern von ihm in diese Landschaften Sachsen-Anhalts hineinführen. Der aufmerksame Leser findet aber immer wieder – und gerade auch in den Tage- und Reisebüchern – Momente und Augenblicke der ironischen Selbstreflexion sowie mitunter scharfsinnige politische Betrachtungen. In diesem Sinne kann man mit Hans Christian Andersen wunderbar eine Reise nach Sachsen-Anhalt antreten und einen Teil von Deutschland entdecken, der vielleicht wirklich von vielen – darunter übrigens die Dänen selber – neu entdeckt werden sollte.

Aber nicht nur bei Andersen und der Romantik trifft der touristische Slogan Sachsen-Anhalts, „Ein Land macht Geschichte“, zu. Durch das Land schlängelt sich die „Straße der Romanik“. Wie ein steinerner Kalender deutscher Geschichte muten die ausgewählten 80 Objekte der Route an, die in Form einer „8“ flächendeckend alle Regionen des Landes umfasst. Es ist auch das „Musikland“, wo die berühmtesten Komponisten des Barock von Georg Philipp Telemann in Magdeburg bis Georg Friedrich Händel in Halle ihre Heimat hatten. Die „Gartenträume“ mit dem Ausgangspunkt im Gartenreich Dessau-Wörlitz führen Sie zu 40 Parkanlagen vom Barock bis zum 21. Jahrhundert. Diese drei Beispiele müssen genügen, um neugierig darauf zu machen, wohin Sie die Reihe „Kulturreisen in Sachsen-Anhalt“ führen wird.

Carsten Søndergaard, Botschafter,
Königlich Dänische Botschaft in Deutschland
Dr. Christian Antz, Herausgeber

Seite 4: Im Okertal

Seite 6: Der Romkerhaller Wasserfall befindet sich unweit der Okertalsperre. Über den künstlich angelegten ca. 70 Meter hohen Wasserfall stürzt das Wasser des Flusses Romke hinab und fließt dann in die Oker. Gäste können eine Aussichtsplattform erklimmen und von dort den Anblick genießen. Im Winter gefriert der Wasserfall zu einem eindrucksvollen Eiskunstwerk, welches Eiskletterer aus ganz Deutschland anzieht.

HANDWERKSKAMMER

Vorwort

„Des Kaisers neue Kleider", „Die Prinzessin auf der Erbse", „Das hässliche Entlein" – es gibt wohl kaum einen Menschen im europäischen Sprachraum, der diese Märchen nicht kennt und beim Klang ihrer Titel nicht an seine Kindheit zurückdenkt. Ihren Verfasser, den dänischen Schriftsteller Hans Christian Andersen, haben diese und die 153 weiteren Märchen weltberühmt gemacht. Weniger bekannt ist allerdings, dass Andersen auch Romane, Dramen und Gedichte verfasst hat. Darüber hinaus war er ein guter Zeichner und hat zahlreiche Scherenschnitte angefertigt. Andersen das Etikett „Märchenerzähler" zu verpassen, wie es häufig getan wird, würde deshalb seinem vielfältigen literarischen und künstlerischen Schaffen nicht gerecht werden.

Kaum bekannt ist, dass Andersen Bücher über seine ausgedehnten Reisen geschrieben hat. Seine erste Reise führte den zu diesem Zeitpunkt noch unbekannten, mittellosen Studenten nach Deutschland: Im Frühsommer 1831, vom 16. Mai bis zum 24. Juni 1831, ging es von Kopenhagen aus über Lübeck, Hamburg, Braunschweig, Goslar, Leipzig und Dresden nach Berlin und wieder zurück nach Kopenhagen. Im Mittelpunkt dieser Reise, um die es hier im Wesentlichen gehen soll, stand eine Wanderung durch den Harz, der auf den romantischen dänischen Dichter ebensolche Faszination ausübte wie auf die zeitgenössischen deutschen Romantiker.

Nur wenige Monate nach seiner Rückkehr wurde im Kopenhagener C. A. Reitzels Verlag unter dem Titel „Skyggebilleder af en Rejse til Harzen, det sachsiske Schweitz etc. etc., i Sommeren 1831", zu deutsch „Schattenbilder einer Reise in den Harz, die Sächsische Schweiz etc. etc. im Sommer 1831", ein Buch über diese Reise veröffentlicht. Andersens erstes Reisebuch, im Folgenden als „Schattenbilder" bezeichnet, ist die literarische Grundlage der vorliegenden Publikation. Weiterhin wurden verwandt: Andersens Reisebuch „Eines Dichters Basar" und seine Tagebücher (ausführliche Literaturangaben finden sich im Anhang).

Auf Andersens erste Deutschlandreise 1831, die noch eine Entdeckungsreise durch das Land der Romantiker war, folgten zahlreiche weitere, auf denen der Dichter Kontakte zu deutschen Schriftstellern, Künstlern und Verlegern knüpfte und pflegte und auf denen er sich später von den vornehmen und sogar royalen Häuptern des Landes empfangen und feiern ließ. Seine Reisen führten ihn insbesondere in den mitteldeutschen Raum, der zu der Zeit Andersens das geistige und kulturelle Zentrum Deutschlands war. Weimar und Dres-

Von Veltheimsches Haus in Braunschweig. Das Haus war das Anwesen der Familie von Veltheim, die bis ins 20. Jahrhundert hinein zahlreiche Hofbeamte und Minister stellte. Gemeinsam mit dem Huneborstelschen Haus in Braunschweig ist dieses Haus Sitz der Handwerkskammer.

rechts und unten: Im Okertal. Die Oker entspringt im Bruchbergmassiv auf 910 Metern Höhe. Ihr Lauf ist 105 Kilometer lang, wobei sie 860 Höhenmeter überwindet. Während die Oker Altenau noch als kleiner Gebirgsbach durchquert, wird sie zum großen Stausee durch die Okertalsperre. Die Oker mündet bei Müden in die Aller.

den waren die Städte, die Andersen am häufigsten besuchte, neben Braunschweig, Leipzig und Berlin, wo seine Bücher verlegt wurden. Und immer wieder zog es ihn auch nach Magdeburg, wo er das erste Mal in seinem Leben eine Eisenbahn bestieg und nach Leipzig fuhr.

„Auf den Spuren von Hans Christian Andersen" berichtet hauptsächlich – wie Andersens „Schattenbilder" – von der Wanderung des Dichters durch den Harz. Die von ihm gewählte Reiseroute von Westen nach Osten, von Goslar über den Brocken nach Eisleben, führt an allen bedeutenden Sehenswürdigkeiten des Harzes vorbei.

Für literarisch interessierte Reisende dürfte es sich lohnen, sich selbst einmal auf die Spuren von Hans Christian Andersen zu begeben und durch Mitteldeutschland zu reisen, um sich die Stationen seiner Reisen an den Originalschauplätzen anzuschauen.

Leben und Werk

Ein Leben wie ein Märchen?

Hans Christian Andersen, 1854, Fotograf unbekannt; Quelle: Det Kongelige Bibliotek

„Mein Leben ist ein hübsches Märchen, so reich und glücklich", schrieb Hans Christian Andersen in seiner 1855 erschienenen Autobiografie, die er passenderweise „Das Märchen meines Lebens" nannte. Dort stellte er sich selbst als Glückskind und Märchenheld dar, doch seine Kindheit und Jugend waren alles andere als märchenhaft. Am 2. April 1805 wurde Andersen in Odense auf der dänischen Insel Fünen als Sohn eines armen Schuhmachers und einer Waschfrau in fremden Diensten geboren. Erst zwei Jahre nach seiner Geburt bekam die Familie eine feste Adresse.

Während die Mutter Analphabetin war, hatte der Vater die Schule besucht und besaß einen gewissen Grad an Bildung. Er las seinem Sohn aus der Märchensammlung „Tausendundeine Nacht" oder aus den Komödien des dänischen Dramatikers Ludwig Holberg vor und regte so die geistige Entwicklung des phantasiebegabten Jungen an. Bereits als Siebenjähriger besuchte Andersen Theateraufführungen in Odense, seine schulische Bildung in der Armenschule jedoch blieb lückenhaft. Als sein Vater 1816 starb, heiratete Andersens Mutter wenig später erneut. Aber auch der zweite Mann lebte nicht lange, die Mutter begann mit dem Trinken und starb schließlich 1833 in einem Armenhaus.

Mit 14 Jahren, kurz nach der Konfirmation, brach Andersen allein in die Hauptstadt Kopenhagen auf, um sein Glück am Königlichen Theater zu versuchen. Er fühlte sich zum Künstler berufen und wollte Schauspieler, Sänger oder Tänzer werden. Doch der Erfolg blieb aus. Ohne die wohlwollende Unterstützung einiger einflussreicher Kopenhagener Bürger hätte er diese Zeit kaum überleben können. Mit 17 Jahren reichte Andersen zwei Theaterstücke am Königlichen Theater ein. Sie wurden zwar abgelehnt, doch nun nahm sich der Direktor und Finanzdeputierte des Theaters, Jonas Collin, seiner als Vormund an und sorgte dafür, dass der Junge eine gute Schulbildung bekam. 1828 bestand Andersen das Abitur und legte ein Jahr später an der Kopenhagener Universität das „Examen philosophicum et philologicum" ab, das zum Studium berechtigte. Collin, den Andersen seinen „Vater" nannte, stand dem Dichter Zeit seines Lebens als Förderer und Ratgeber zur Seite.

Bereits im Jahre 1826 hatte Andersen mit seinem Gedicht „Das sterbende Kind" seinen ersten literarischen Erfolg. Vor allem in Deutschland löste das Gedicht, das 1831 im „Flensburger Wochenblatt" abgedruckt worden war, große Begeisterung aus.

Wasserfall im Selketal

Felsenwand im Okertal

Das sterbende Kind

Mutter, ich bin müde und ich sehne
Mich, zu schlafen an dem Herzen Dir.
Heiß auf mein Gesicht fällt Deine Träne,
Weine länger nicht, versprich es mir!
Hier ist's kalt und draußen Stürme wehen,
Doch im Traum ist alles licht und klar.
Engelskindlein hab' ich dort gesehen
Immer, wenn mein Aug' geschlossen war.

Horch, Musik! Von ferne klingt es leise;
Ach! zu meiner Seite steht ein Knab',
Flügel hat er, Mutter, schöne weiße,
Die gewiss der liebe Gott ihm gab.
Grün und rot und golden seh' ich's schweben:
Blumen streu'n sie mit den Händen fein.
Sag', bekomm' ich Flügel auch im Leben,
Oder muss ich erst gestorben sein?

Warum hältst Du meine Hand so bange,
Drückst den Mund so fest auf mein Gesicht?
Nass, doch feuerheiß ist Deine Wange.
Mutter, ich bin Dein und lass Dich nicht.
O lass Deine Tränen nicht mehr fließen,
Weinst Du länger, weinen muss auch ich.
Bin so müd'; mein Auge will sich schließen,
Mutter, sieh, nun küsst der Engel mich!

In den folgenden Jahren machte sich Andersen besonders in Deutschland, später von ihm auch als sein „zweites Vaterland" bezeichnet, mit seinen Gedichten, Theaterstücken, Romanen und vor allem mit seinen Märchen einen Namen und legte damit den Grundstein für seinen Weltruhm. Nur seine Landsleute versagten Andersen zunächst die Anerkennung. So warf ihm der große dänische Philosoph Søren Kierkegaard unter anderem vor, dass er „nicht ein Genie in einem Kampf darstellt, sondern eher einen Flenner, von dem versichert wird, er sei ein Genie, und der nur das mit einem Genie gemeinsam hat, dass er ein paar kleine Widerwärtigkeiten erleidet" (Kierkegaard, in: Perlet, S. 57). Erst Jahre später erkannten auch die Dänen seine Werke an und machten Andersen zu einem gefeierten Künstler.

Vegetation im Hochharz bei Goslar

Die zunehmenden literarischen Erfolge in den vierziger Jahren und der wachsende Ruhm verschafften Andersen nicht nur Zugang zur damaligen europäischen Künstlerszene, sondern auch zu royalen Kreisen. 1844 war er Gast des dänischen Königspaares auf der Insel Föhr. 1838 hatte ihm der

König eine jährliche finanzielle Unterstützung gewährt, die er anlässlich dieses Besuches noch einmal erhöhte. 1846 wurde Andersen mit dem zweithöchsten Orden des Landes, dem Dannebrog-Orden, ausgezeichnet. Auch an deutschen Höfen war er ein gern gesehener Gast. Auf seinen ausgedehnten Reisen, die er Zeit seines Lebens mit großer Leidenschaft unternahm, knüpfte er neue Kontakte oder pflegte die alten.

Aus dem armen Schuhmachersohn von einst war eine von Fürsten und Königen umworbene europäische Berühmtheit geworden – ein sozialer Aufstieg, der tatsächlich einem Märchen gleichkam. Allerdings bemühte sich Andersen auch nach Kräften, diesen Mythos durch Legendenbildung und geschickte Selbstdarstellung zu pflegen. Doch trotz seiner großen Erfolge wurde der Dichter Zeit seines Lebens von Selbstzweifeln geplagt. Obwohl er nach sozialer Anerkennung und Geltung strebte, war ihm bewusst, dass er in den Kreisen, in denen er sich bewegte, ein Fremdköper blieb. Seine Zeitgenossen bezeichneten ihn als einen schwierigen und widersprüchlichen Menschen: eitel, ängstlich, schnell aufbrausend, überempfindlich auf Kritik reagierend, aber auch freundlich und liebenswert.

Besonders undurchschaubar erscheint sein Verhältnis zur Liebe und zur Sexualität. Andersen fühlte sich offenbar zu beiden Geschlechtern hingezogen und verliebte sich auch mehrere Male – allerdings immer nur in Menschen, die für ihn unerreichbar waren. Sein ganzes Leben lang blieb Andersen allein. Sein eher unattraktives Äußeres – Zeitgenossen beschrieben den Dichter als einen hochgewachsenen, ungelenken und hageren Mann, mit einer großen Nase, großen Füßen und großen Händen – mag dazu beigetragen haben. Der Andersen-Biograf Jens Andersen geht davon aus, dass der Dichter niemals eine sexuelle Beziehung gehabt hat. Ein Grund dafür sei Andersens Angst gewesen, die „Sünde" werde ihm mit der Unschuld auch die kindliche Phantasie und damit die Grundlage seines künstlerischen Schaffens rauben.

Am 4. August 1875 starb Andersen in Kopenhagen an Leberkrebs. Seine Beerdigung wurde zum Staatsbegräbnis, zu dem sogar der dänische König Christian IX. mit seiner Familie erschien.

Im Bodetal

Hans Christian Andersen, 1853, fotografiert von F. Petersen; Quelle: Det Kongelige Bibliotek

Auf literarischer Mittelposition

Der Anstoß für Andersens literarisches Schaffen wurde bereits in seiner Kindheit gegeben. Es waren vor allem die Märchen, die sein Vater ihm vorlas. Doch er bezog seine Geschichten auch aus anderen Quellen: aus dem Zuchthaus von Odense oder dem Hospital für Geisteskranke, in dem seine Großmutter arbeitete. „Mir wurden Geschichten erzählt und Lieder vorgesungen, kurz: Kluge wie Irre taten, was in ihren Kräften stand, um meinem Wesen etwas Romantisches zu verleihen", schrieb Andersen (zit. in: Perlet, S. 11) über seine frühen Inspirationsquellen, zu denen auch die Aufführungen im Theater seiner Heimatstadt Odense gehörten.

Schon zeitig begann Andersen damit, auch selbst Geschichten zu erfinden und zu erzählen. Sein großes Vorbild war später Adam Oehlenschläger, der Nestor der dänischen Romantik, der ebenso wie Andersen viel in Deutschland umherreiste, enge Kontakte zu den deutschen Romantikern pflegte und seine dänischsprachigen literarischen Werke regelmäßig auch selbst ins Deutsche übersetzte oder auch gleich in deutscher Sprache verfasste.

Andersen war mit der deutschen Sprache und Literatur vertraut. Bei seinen Theaterbesuchen in Odense schaute er sich auch deutschsprachige Inszenierungen an, er las Werke von E. T. A. Hoffmann und Heinrich Heine auf deutsch, und sein Posiealbum aus diesen Tagen war zu zwei Dritteln gefüllt mit Abschriften von Werken deutscher Dichter wie Johann Wolfgang von Goethe, Friedrich Schiller, Jean Paul, Ludwig Tieck, Christian Fürchtegott Gellert, Heinrich Heine und E. T. A. Hoffmann. Es waren jedoch vor allem die Romantiker, die Andersen beeindruckten, sein eigenes literarisches Schaffen prägten und die Wahl seiner Hauptthemen – Natur, soziale Aspekte, Liebe und Tod – bestimmten.

Doch bereits in seinem Reisebuch „Schattenbilder" sind Tendenzen zu einer stärkeren Detailbetonung und Bedeutungssetzung festzustellen, die offenkundig die Entwicklung von der Romantik zum frühen Realismus widerspiegeln. Johan de Mylius, Leiter des H.-C.-Andersen-Centret an der Universität von Odense, weist Andersen deshalb auch als „geradezu typischen Vertreter der Epochenschwelle zwischen Romantik und Realismus" aus. In den „Schattenbildern" lässt sich diese „Mittelposition" mit vielen Stellen belegen. So schwärmt Andersen beim Besuch der Burgruine Regenstein im Harz einerseits von einem „Heldengedicht" und der „Poesie", die „das Herz in diesem Steinepos findet", andererseits präsentiert er seinen Lesern eine sehr präzise Beschreibung der Burgruine und ergänzt diese Beschreibung durch eine ebenso genaue Zeichnung.

Von Widersprüchen geprägt ist auch Andersens literarisches Selbstverständnis. Er verstand sich als Dramatiker, Lyriker, Roman- und Reisebuchschreiber und – auch – als Märchenerzähler. Bekannt und beliebt geworden ist er allerdings vor allem mit seinen Märchen, die heute in mehr als 150 Sprachen übersetzt sind. Mit der Romantik war das Interesse am Volkstümlichen erwacht und die Märchen galten als die „Seele des Volkes". Im Gegensatz zu den Brüdern Grimm in Deutschland war Andersen nicht daran interessiert, alte Volksmärchen zu sammeln, sondern er schrieb die Märchen selbst.

Inspirieren ließ sich der dänische Dichter von Volksmythen und Sagen, von literarischen Vorlagen seiner Zeit – ein Urheberrecht existierte damals noch nicht –, von der Natur, die für ihn einen besonderen Stellenwert in seinem literarischen Schaffen hatte, aber auch immer wieder von seiner eigenen Kindheit und den ärmlichen Verhältnissen in Odense sowie von seinen Reiseerlebnissen. Vorbilder waren für ihn unter anderem der deutsche Aufklärer Johann Karl August Musäus und der Romantiker E. T. A. Hoffmann. „Bei ihnen fand er den Humor, die ironischen Erzählerkommentare, das phantasiereiche Spiel mit den Figuren und mit dem Publikum, Züge, die wir in Andersens eigenen Märchen wiederfinden." Als Märchenerzähler entwickelte er einen eigenen Stil „zwischen kindlicher Einfalt, doppelbödiger Ironie und unverwüstlicher Lebensfreude, der die Märchen in zugleich lustige und ernsthafte Spiele verwandelt." (Sørensen, S. 432 ff.)

Kaiserpfalz in Goslar

Von der Lust des Reisens

Das Reisen als zentrales Motiv der Romantik

Eine der wichtigsten Inspirationsquellen für Andersens literarisches Schaffen war das Reisen. Bis weit in die Neuzeit hinein bedeutete eine Reise für die meisten Menschen in Europa eine schwere Strapaze, die sie nur aus dringenden Anlässen oder aus religiösen Gründen - vor allem als Pilger - auf sich nahmen. Die Kutschen waren unbequem, die Straßen meist schlecht und unsicher und die Gasthäuser oftmals unwirtlich. Im letzten Drittel des 18. Jahrhunderts änderte sich diese Haltung: Man reiste nicht mehr, um möglichst schnell und bequem sein Ziel zu erreichen, sondern allein um des Reisens Willen, was zu einem Symbol der aufklärerischen Emanzipation des Bürgertums vom Adel wurde. Jean-Jacques Rousseau in Frankreich und Johann Gottfried Herder in Deutschland gaben den geistigen Anstoß für diese Entwicklung. Nicht zu reisen galt fortan als provinziell ...

„Wir denken nicht allein an die beiden Ziele, woher wir gekommen sind, wohin wir wollen, sondern auch an den Zwischenraum, der sie trennt. Die Reise selbst ist ein Vergnügen für uns", beschrieb Rousseau 1786 die neue Lust, sich fortzubewegen (zit. in: Unglaub, S. 140). Und Herder schrieb, bevor er 1769 aus dem engen Riga zu einer Seefahrt nach Frankreich aufbrach: „Auf der Erde ist man an einem toten Punkt angeheftet und in den engen Kreis einer Situation eingeschlossen [...] o Seele, wie wird dir's sein, wenn du aus dieser Welt heraustrittst?" (zitiert in: Safranski, S. 18)

Es war es vor allem das Wandern, das unter den europäischen Intellektuellen, Schriftstellern und Künstlern der damaligen Zeit immer mehr Anhänger fand. Die jungen Dichter der Romantik nahmen die neuen Ideen vom Reisen begeistert auf und machten sie zu einem zentralen Element ihres literarischen Schaffens. Sie waren fasziniert von den Motiven des Unterwegsseins, den Sinnbildern des Suchens, der Sehnsucht und des Heimwehs. Ihr Blick war auf die wilde, unberührte Natur gerichtet, die als Metapher für die Beschreibung des Innenlebens genutzt wurde. Die Landschaft, die in die Weite geht, geriet zum Spiegel der Seele. Im Mittelpunkt aber stand das Ich.

Das Posthorn, das zum Aufbruch ruft, die Waldestiefe, die schroffen Felsen, der Wildbach, Ruinen, die Dämmerung und die Mondnacht sind Motive, die in Erzählungen, Märchen, Reisebeschreibungen, unzähligen Skizzen, Gemälden und Kupferstichen aufgenommen und mit einem unbestimmten Gefühl von Weltschmerz unterlegt wurden. Diese Bilder

S. 18–19:
Wie bereits bei dem historischen Residenzschloss steht auf dem Portikus der wieder errichteten Fassade in Braunschweig die größte Quadriga Europas mit der Stadtgöttin Brunonia als Wagenlenkerin. Der Entwurf für die Gruppe stammt vom Bildhauer Ernst Rietschel.

links: Im Okertal

Harzer Schmalspurbahn

Nordsee
Mittelmeer
Christiania/Oslo
Glasgow
København
Hamburg
Amsterdam
London
Bremen
Berlin
Leipzig
Bruxelles
Weimar
Paris
Frankfurt
Geneve
München
Milano
Lyon
Bordeaux
Genova
Venezia
San Sebastian
Marseilles
Madrid
Barcelona
Lissabon
Valencia
Rom
Cadiz
Malaga
Tanger
Malta

tsee
Ka
dapest
Beograd
Constanţa
Schwarzes Meer
Konstantinopel/
Istanbul
Athen
Mittelmeer

S. 22–23: „Reisen heißt Leben" – nach diesem Motto erkundete Andersen viele Male verschiedene Regionen Europas.

rechts: Braunschweig, Magnikirche. Nach schwerer Beschädigung im Zweiten Weltkrieg wurde die Kirche ab 1956 wieder aufgebaut. Westbau und Chorhaus blieben bestehen.

Romantik

Die Romantik bezeichnet eine Epoche der europäischen Kunst und Literatur, die sich über den Zeitraum vom Ende des 18. Jahrhunderts bis weit in das 19. Jahrhundert erstreckte. Sie entstand als Gegenbewegung zum Rationalismus der Spätaufklärung und zur Formenwelt der Klassik. Die Phantasie völlig frei und grenzenlos zu entfalten und den Zustand der eigenen Seele zu beschreiben, war den Romantikern ein zentrales Anliegen. Die Geisteshaltung, von der diese Epoche geprägt war, das Romantische, hat Novalis, einer ihrer wichtigsten Vertreter, so definiert: „Indem ich dem Gemeinen einen hohen Sinn, dem Gewöhnlichen ein geheimnisvolles Ansehen, dem Bekannten die Würde des Unbekannten, dem Endlichen einen unendlichen Schein gebe, so romantisiere ich es." In Deutschland, wo die Romantik eine besondere Ausprägung erfahren hat, waren ihre wichtigsten literarischen Vertreter vor allem Novalis, Friedrich Hölderlin, Ludwig Tieck, Clemens Brentano, E. T. A. Hoffmann, Adelbert von Chamisso und Joseph von Eichendorff, in anderen europäischen Ländern insbesondere Victor Hugo in Frankreich, Lord Byron in England und Alexander Puschkin in Russland.

machten die Regionen so bekannt, dass es bei der wohlhabenden Oberschicht bald zum guten Ton gehörte, die Landschaften selbst zu sehen. Die modernen Lebensformen der Städte wurden dagegen als sinnlos und leer empfunden.

Rückblickend betrachtet war dies der Anfang nicht nur der Wanderbewegung, sondern auch des Tourismus in Europa. In der Mitte des 19. Jahrhunderts kam es zu einer zunehmenden Institutionalisierung des Reisens und Wanderns durch Wander- und Gebirgsvereine. 1864 wurde der erste deutsche Mittelgebirgsverein gegründet, der Badische Schwarzwaldverein. Die Vereine leisteten Pionierarbeit bei der Erschließung der Natur durch Wanderwege, Wegweiser, Karten, Schutzhütten und Aussichtstürme.

„Reisen heißt Leben“

Auch Andersen ließ sich anstecken von der neuen Begeisterung. „Heraus in Gottes herrliche Natur, weg von allen trockenen Folianten und langweiligem Schnickschnack, was könnte herrlicher sein“, jubelte der frisch gebackene „Candidatus philosophia“ 1829 vor seiner ersten Sommertour durch Dänemark (zit. in: J. Andersen, S. 170). Doch während für die meisten Romantiker das Reisen eher die Bedeutung eines literarischen Motivs hatte, war es für Andersen Lebensinhalt. „Reisen heißt Leben“, war sein Lebensmotto. Eine innere Unruhe und Rastlosigkeit trieb ihn immer wieder hinaus: Er reise, um sein krankes Gemüt zu retten, bekannte er selbst. Doch es war auch der Drang, die Welt kennenzulernen, neue Eindrücke zu sammeln, neuen Menschen zu begegnen und sein Wissen zu erweitern. Glücklich war er nur, wenn er unterwegs war:

„Oh reisen! Reisen! Das ist doch das glücklichste Los [...] Heimweh ist das Gefühl, das viele Menschen kennen und unter dem viele leiden, ich dagegen fühle einen Schmerz, der weniger bekannt, und dessen Name Fernweh ist ... Ein wunderbares Eilen und Drängen mit Allem macht eigentlich meinen Grundcharakter aus! Selbst, wenn ich auf der Reise bin, ist es nicht so sehr die Gegenwart, die mir Freude macht, ich eile nach etwas Neuem, um wieder zu etwas Anderem zu gelangen“, schrieb Andersen über seine Leidenschaft“ (zit. in: J. Andersen, S. 620).

Ausflug im Bodetal

An der Oker in Braunschweig

Romantische Partie an der Oker in Braunschweig

Mehr als 40 Jahre lang zog ihn dieses Fernweh immer wieder hinaus, finanziell zunächst abgesichert von der Förderung, die ihm der dänische König ab 1838 gewährt hatte, später von den Erträgen seines literarischen Schaffens. Neben zahlreichen Reisen in Dänemark unternahm er insgesamt 30 ins Ausland. Am Ende seines Lebens gehörte Andersen zu den am weitesten gereisten Menschen seiner Zeit. Kaum ein anderer europäischer Dichter dieser Epoche kam so weit herum wie er. Dabei erforschte Andersen nicht nur die traditionellen Reiseländer wie Deutschland, Frankreich oder Italien, sondern ihn zog es auch in Gegenden, die noch kein dänischer Dichter vor ihm gesehen hatte: ans Schwarze Meer, nach Konstantinopel, auf den Balkan, nach Tanger, Portugal und Schottland. In seinem Gepäck immer mit dabei: ein Strick, an dem er sich hätte abseilen können, falls in einem Hotel ein Brand ausgebrochen wäre, und ein Stück Papier mit der Aufschrift „Ich bin nur scheintot" – ein Hinweis, der verhindern sollte, lebendig begraben zu werden, wovor sich Andersen, der ohnehin eine eher ängstliche Natur war, am meisten fürchtete.

Doch es war nicht nur das Fernweh, das den Dichter hinaustrieb. Von Anfang an war er auch bestrebt, Kontakte zu Schriftstellern, Künstlern und Verlegern zu knüpfen und zu pflegen. Schon auf seiner ersten Reise 1831 nach Deutschland traf er in Dresden Ludwig Tieck, dem er zuvor unter anderem das Gedicht „Das sterbende Kind" zugeschickt hatte, und in Berlin Adalbert von Chamisso, der ihn dort in die literarische Gesellschaft einführte. Auf späteren Unternehmungen folgten Bekanntschaften unter anderem mit Bettina von Arnim, Friedrich Hebbel, Heinrich Heine, Charles Dickens, Victor Hugo, aber auch mit Komponisten wie Felix Mendelssohn Bartholdy, Franz Liszt, Clara und Robert Schumann. In Braunschweig, Leipzig und Berlin hatte er regen Austausch mit seinen Verlegern wie Eduard Vieweg, Georg Westermann oder Heinrich Brockhaus. In Weimar, wo er mit Carl Alexander, Erbgroßherzog von Sachsen-Weimar-Eisenach, eine enge, langjährige Freundschaft pflegte, stieg Andersen bald zu einem Liebling der Kulturszene auf. 1845 wurde der dänische Dichter vom Preußenkönig Friedrich Wilhelm IV. zur Tafel geladen, 1852 erhielt er eine Einladung von König Maximilian von Bayern.

Andersen sonnte sich in seiner Popularität. „Allmählich beginnt mein Name doch zu leuchten; das ist ach das Einzige, wofür ich lebe! Ich giere nach der Ehre wie der Geizige nach dem Klang des Goldes", bekannte er 1837 in einem Brief (zit. in: Perlet, S. 54). Vor allem genoss er es, von gekrönten Häuptern empfangen und gefeiert zu werden – zum großen Missfallen von Heinrich Heine, den Andersen mehr als andere deutsche Dichter verehrte. Auch Heine schätzte Andersen offenbar, eine Freundschaft zwischen den beiden kam jedoch nicht zustande.

„Er kam mir vor wie ein Schneider; er sieht auch wirklich ganz so aus. Er ist ein hagerer Mann mit einem hohen, eingefallenen Gesichte und verrät in seinem äußeren Anstande ein ängstliches, devotes Benehmen, so wie die Fürsten es gern lieben“, schrieb Heine über Andersen (zit. in: Perlet, S. 62), und der konterte: „Heine ist ein witziger Schwätzer, gottlos und leichtfertig, und doch ein echter Poet; seine Bücher sind Elfenmädchen in Samt und Seide, wimmelnd von Ungeziefer, sodass man sie bei angezogenen Leuten nicht frei herumlaufen lassen kann“ (zit. in: Perlet, S. 62).

Goslar, hinter der Kaiserpfalz

Schattenbilder von der ersten Reise durch Mitteldeutschland

Herzensprobleme

S. 28–29: Am Völkerschlachtdenkmal zu Leipzig

Im Frühjahr 1831 hielt es der 26-jährige Andersen nicht mehr in seiner dänischen Heimat aus. Er hatte gerade mit einigem Erfolg seine ersten Werke veröffentlicht, doch dieser wurde ihm, dem unbekannten jungen Mann aus der Provinz, in Kopenhagen geneidet. Die Hauptstadtliteraten und Literaturkritiker ließen kein gutes Haar an seinen Werken. Die Kritik, die bis zur persönlichen Diffamierung reichte, traf Andersen schwer. Von allen hätte er ständig nur über seine Fehler und Schwächen gehört, beklagte er sich später in einer seiner Autobiografien, und fast alle hätten ihm gesagt, dass ihn Lob verderben würde und sie ihm deshalb die Wahrheit sagen müssten.

Doch es gab noch einen weiteren Grund für die „Flucht". Auf seiner Sommerreise 1830 durch Dänemark verliebte Andersen sich in Fåborg auf Fünen ebenso unsterblich wie hoffnungslos in Riborg Voigt, die Schwester seines Studienfreundes Christian Voigt. Die junge Frau war jedoch schon verlobt und sollte kurze Zeit später heiraten. Von Andersens Dichtkunst ließ sie sich zwar faszinieren, doch am *Mann* selbst hatte sie kein Interesse. Jahre später bezeichnete Andersen diese unglückliche Liebe als einen Wendepunkt in seinem Leben, als eine Katastrophe schlechthin, und verewigte Riborg in einem kleinen Liebesgedicht:

Bist mein Gedanke ganz allein geworden,
Du meines Herzens erste Seligkeit!
Ich liebe Dich, wie niemand hier auf Erden,
Ich liebe Dich in Zeit und Ewigkeit.

Auch die Entstehung des Märchens „Das Liebespaar" wird auf die Herzensprobleme Andersens aus dieser Zeit zurückgeführt.

Das Liebespaar

Ein Kreisel und ein Ball lagen im Kasten beisammen unter anderem Spielzeug, und da sagte der Kreisel zum Ball: „Wollen wir nicht Brautleute sein, da wir doch in dem Kasten zusammenliegen?" Aber der Ball, welcher von Saffian genäht war und der sich so viel einbildete als ein feines Fräulein, wollte auf dergleichen nicht antworten.

Am nächsten Tage kam der kleine Knabe, dem das Spielzeug gehörte; er bemalte den Kreisel rot und gelb und schlug einen Messingnagel mitten hinein; dies sah gerade recht prächtig aus, wenn der Kreisel sich herumdrehte.

Das Breite Tor gehörte einst zur Befestigungsanlage des mittelalterlichen Goslar.

„Sehen Sie mich an!", sagte er zum Ball. „Was sagen Sie nun? Wollen wir nun nicht Brautleute sein, wir passen gut zueinander. Sie springen, und ich tanze! Glücklicher als wir beide würde niemand werden können!"

„So, glauben Sie das?", sagte der Ball. „Sie wissen wohl nicht, dass mein Vater und meine Mutter Saffianpantoffeln gewesen sind und dass ich einen Kork im Leibe habe?"

„Ja, aber ich bin von Mahagoniholz", sagte der Kreisel, „und der Stadtrichter hat mich selbst gedrechselt, er hat seine eigene Drechselbank, und es hat ihm viel Vergnügen gemacht."

„Kann ich mich darauf verlassen?", fragte der Ball.

„Möge ich niemals die Peitsche bekommen, wenn ich lüge", erwiderte der Kreisel.

„Sie wissen gut für sich zu sprechen", sagte der Ball, „aber ich kann doch nicht, ich bin mit einer Schwalbe so gut wie versprochen! Jedesmal, wenn ich in die Luft fliege, steckt sie den Kopf zum Nest heraus und fragt: 'Wollen Sie?' und nun habe ich innerlich ja gesagt, und das ist so gut wie eine halbe Verlobung. Aber ich verspreche Ihnen, Sie nie zu vergessen!"

„Ja, das wird viel helfen!", sagte der Kreisel, und so sprachen sie nicht mehr miteinander.

Am nächsten Tage wurde der Ball von dem Knaben vorgenommen. Der Kreisel sah, wie er hoch in die Luft flog, gleich einem Vogel, zuletzt konnte man ihn gar nicht mehr erblicken; jedesmal kam er wieder zurück, machte aber immer einen hohen Sprung, wenn er die Erde berührte, und das geschah entweder aus Sehnsucht oder weil er einen Kork im Leibe hatte. Das neunte Mal aber blieb der Ball fort und kam nicht mehr wieder und der Knabe suchte und suchte, aber weg war er.

„Ich weiß wohl, wo er ist", seufzte der Kreisel, „er ist im Schwalbenneste und hat sich mit der Schwalbe verheiratet!"

Je mehr der Kreisel daran dachte, umso mehr wurde er für den Ball eingenommen; gerade weil er ihn nicht bekommen konnte, darum nahm die Liebe zu, dass er einen andern genommen hatte, das war das Eigentümliche dabei. Und der Kreisel tanzte herum und schnurrte, dachte aber immer an den Ball, welcher in seinen Gedanken immer schöner und schöner wurde. So verstrich manches Jahr – und da war es eine alte Liebe.

Und der Kreisel war nicht mehr jung! – Aber da wurde er eines Tages ganz und gar vergoldet, nie hatte er so schön ausgesehen; er war nun ein Goldkreisel und sprang, dass es schnurrte. Ja, das war doch noch etwas, aber auf einmal sprang er zu hoch und – weg war er!

Man suchte und suchte, selbst unten im Keller, doch er war nicht zu finden. – Wo war er?

Er war in den Müllkasten gesprungen, wo allerlei, Kohlstrünke, Müll und Schutt, lag, welches von der Dachrinne heruntergefallen war.

„Nun liege ich freilich gut! Hier wird die Vergoldung von mir verschwinden; ach, unter welchen Unrat bin ich hier geraten!" Dann schielte er nach einem langen Kohlstrunk, welcher allzu kurz abgestreift war, und nach einem sonderbaren runden Ding, welches wie ein alter Apfel aussah; aber es war kein Apfel, es war ein alter Ball, welcher viele Jahre in der Dachrinne gelegen und den das Wasser durchdrungen hatte.

„Gott sei Dank, da kommt doch einer unseresgleichen, mit dem man sprechen kann!", sagte der Ball und betrachtete den vergoldeten Kreisel. „Ich bin eigentlich von Saffian, von Jungfrauenhänden genäht, und habe einen Kork im Leibe, aber das wird mir wohl niemand ansehen! Ich war nahe daran, mich mit einer Schwalbe zu verheiraten, aber da fiel ich in die Dachrinne, dort habe ich wohl fünf Jahre gelegen und bin ausgequollen! Glauben Sie mir, das ist eine lange Zeit für ein junges Mädchen!"

Aber der Kreisel sagte nichts, er dachte an sein altes Liebchen, und je mehr er hörte, desto klarer wurde es ihm, dass sie es war.

Da kam das Dienstmädchen und wollte den Kasten umwenden. „Heißa, da ist der Goldkreisel!", sagte sie.

Und der Kreisel kam wieder zu seinem großen Ansehen und zu Ehre, aber von dem Balle hörte man nichts, und der Kreisel sprach nie mehr von seiner alten Liebe; die vergeht, wenn die Geliebte fünf Jahre lang in einer Wasserrinne gelegen hat und ausgequollen ist, ja, man erkennt sie nicht wieder, wenn man ihr im Müllkasten begegnet.

Die unglückliche Liebesgeschichte gab schließlich den Anstoß dafür, dass sich Andersen entschloss, auf seine erste Deutschlandreise zu gehen. An den dänischen Schriftsteller Bernhard Severin Ingemann, seinen zweiten Mentor, schrieb Andersen im April 1831:

„Sie müssen auch meine Freude wissen, ich reise nächsten Monat ins Ausland; es ist für mich zu Hause unerträglich, ich bin ein leidvoll Kränkelnder geworden, vielleicht kann eine kleine Reise etwas Gleichgewicht in mein seelisches Ich bringen" (zit. in: Unglaub, S. 134).

So ging er denn am 16. Mai 1831 an Bord des Dampfschiffes „Prinzessin Wilhelmine" und fuhr über Travemünde nach Lübeck. Von dort ging es weiter mit der Kutsche über Hamburg, Lüneburg, Celle und Braunschweig nach Goslar. Von Goslar aus wanderte Andersen durch den Harz nach Eisleben, von Eisleben aus fuhr er wiederum mit der Kutsche

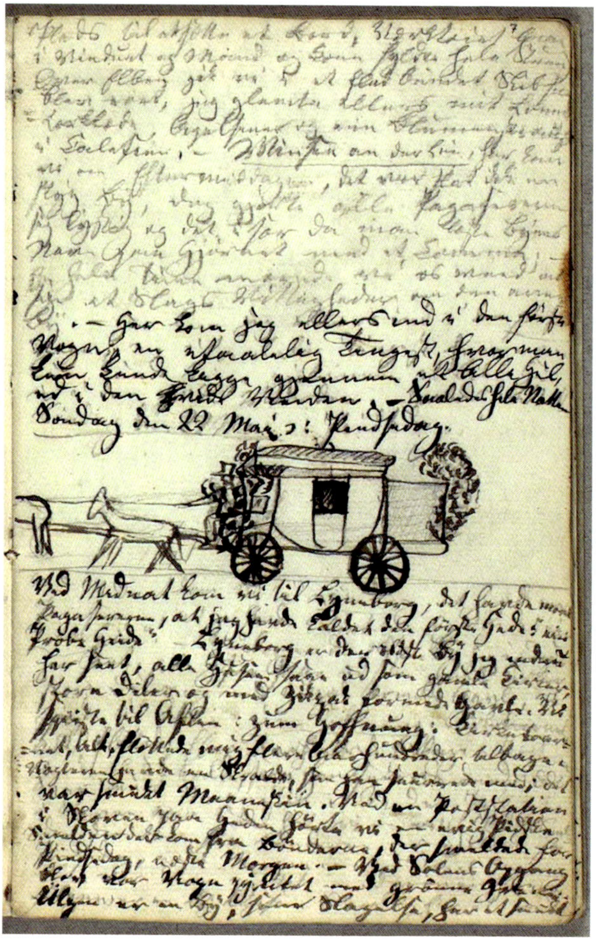

Mit der Kutsche unterwegs zwischen Lüneburg und Braunschweig, gezeichnet von Hans Christian Andersen 1831; Quelle: Det Kongelige Bibliotek

rechts: Felsgebilde in Schierke

unten: Reisen mit der Harzer Schmalspurbahn

über Halle, Merseburg, Leipzig und Dresden nach Berlin. Am 24. Juni 1831 kehrte er wieder nach Kopenhagen zurück. Sein kleines Reisebudget zwang ihn zur Eile, was er auch in seinem Reisebuch „Schattenbilder“ deutlich zum Ausdruck brachte – ebenso wie seine unglückliche Liebe zu Riborg Voigt, die er auch auf der Reise nicht vergessen konnte ...

Braunschweig

Braunschweig

„Halbtot" von der Hitze und der langen, beschwerlichen Reise mit der Kutsche kam Andersen am Pfingstsonntag, dem 22. Mai 1831, in Braunschweig an. „Ruhe und Erquickung" fand er im noblen „Hotel d'Angleterre", das damals in der Breiten Straße 18 lag und ein Treffpunkt der geistigen Elite der Stadt war. Und obwohl der Dichter immer noch von der Hitze des Tages „halbgekocht" und „abgemattet" war, ging er ins Herzogliche Hoftheater auf dem Hagenmarkt, in dem gut zwei Jahre zuvor Goethes „Faust I" uraufgeführt worden war. Das heutige Staatstheater Braunschweig am Steinweg ist der „Nachfolger" des renommierten Hoftheaters, das 1864 wegen Baufälligkeit abgerissen wurde.

Das Theaterstück, das Andersen an diesem Abend zu sehen bekam, gefiel ihm jedoch ganz und gar nicht. Man spielte das Melodram „Drei Tage im Leben eines Spielers" des französischen Dramatikers Victor Ducange, das von dem deutschen Schauspieler und Schriftsteller Louis Angely bearbeitet worden war. Das Schauspiel war nicht in Akte eingeteilt, sondern in Tage. Zwei Tage lang hielt es Andersen durch, sich das „garstige Spektakelstück" anzuschauen, doch dann gab er auf. Mit einem Gemüt „in heftigem Aufruhr" verließ er das Theater und ging ins Hotel zurück, wo er ver-

S.: 36–37: Die Burg Dankwarderode war die Residenz Heinrichs des Löwen.

links: Den Burglöwe auf dem Burgplatz von Braunschweig, ein Bronzeguss aus dem Jahre 1166, ließ Heinrich der Löwe errichten. Das Original kann in der Burg Dankwarderode besichtigt werden.

Das Staatstheater Braunschweig kann auf eine mehr als 300-jährige Geschichte zurückblicken. Zunächst wurden dort nur Opern aufgeführt, ab Mitte des 18. Jahrhunderts fanden regelmäßig auch Schauspielaufführungen statt.

Das Gewandhaus, Ansicht von der Martinikirche aus

rechts: Marienbrunnen

Das mittelalterliche Altstadtrathaus dient der Stadt Braunschweig als Ausstellungs- und Repräsentationsgebäude.

suchte, sich wieder zu beruhigen. In seinem Reisebuch „Schattenbilder" berichtet er, dass er sich zuerst ein Wiegenlied vorsang und sich dann selbst ein kleines Märchen erzählte, mit dem er das gesehene Theaterstück ironisierte und dessen Handlung als unglaubwürdig darstellte. Dieses Märchen, das Andersen in sein Reisebuch „Schattenbilder" aufgenommen hat, gilt als das erste veröffentlichte Märchen des Dichters überhaupt.

Solange die Kopenhagener noch ganz kleine Knirpse und noch nicht weiter in der Welt hinaus gewesen sind, als nach dem Tiergarten und Friedrichsberg, und ihre Großmutter oder Amme von verzauberten Prinzen und Prinzessinnen, Goldbergen und sprechenden Vögeln erzählten, träumt der kleine Kopf von diesem herrlichen Phantasielande und sieht hinaus aufs Meer, das mit dem Himmel zusammenfließt zwischen der dänischen und schwedischen Küste. Da drüben muss es liegen, denken sie, und malen sich nun die neue Welt gar prächtig aus; aber sie werden älter, kommen in die Schule, bekommen ein Geographiebuch in die Hand, und das zertrümmert ihnen auf einmal das ganze Phantasieland. Doch wir wollen bei dem Phantasielande bleiben. Hier lebte vor vielen Jahren, noch viel früher als man von meiner Verfasserschaft und von den „Drei Tagen eines Spielers" sich träumen ließ, ein alter grauhaariger König, der hatte ein solches Ver-

trauen zu der Welt, dass er es nicht für möglich hielt, dass ein Mensch eine Lüge sagen könnte, ja, eine Lüge schien ihm ein solches Phantasiegebäude zu sein, dass er im Rat gelobte, er werde demjenigen seine Tochter und sein halbes Reich geben, der ihm etwas erzählen könnte, von dem er einsehen müsste, dass es wirklich eine Lüge sei.

Alle seine Untertanen legten sich jetzt aufs Lügen, aber der gute König nahm alles für Wahrheit. Da ward er zuletzt melancholisch, weinte und trocknete sich die Augen mit seinem königlichen Mantel, indem er seufzte: „Werde ich denn nie sagen können: Das ist eine Lüge?"

So vergingen viele Tage; da kam eines Morgens ein hübscher, stattlicher Prinz, der liebte die Prinzessin und ward von ihr wieder geliebt; neun Jahre lang hatte er sich aufs Lügen gelegt und hoffte nun, sie und das Reich zu gewinnen. Er sagte zu dem alten König, dass er als Gärtnerbursche angestellt zu werden wünsche, und der König sagte: „Jawohl, mein Sohn!", und führte ihn in den Garten hinab

Hier stand vor allem der grüne Kohl ganz vorzüglich und gut, aber der Gärtnerbursche rümpfte die Nase und sagte: „Was ist das?"

„Das ist Kohl, mein Sohn!", sagte der König.

„Kohl? – In meiner Mutter Garten ist der Kohl so groß, dass ein Regiment Soldaten unter jedem Blatt stehen kann."

„Das ist leicht möglich", sagte der König; „die Allmacht der Natur ist groß, und die Gewächse sind oft sehr verschieden."

An der Magnikirche

links: Eines der schönsten Häuser der Stadt: das Huneborstelsche Haus, heute Gildehaus. Es liegt im nördlichen Teil des Burgplatzes. Das Gildehaus ist Sitz der Handwerkskammer.

Das Gewandhaus wurde einst als Lager und Verkaufsumschlagplatz der Gewandschneider genutzt.

rechts: Das Rathaus der Stadt Braunschweig. Der neugotische Bau wurde von 1894 bis 1900 errichtet. Der Turm wurde nach flandrischen Vorbildern ausgeführt.

„Ja, aber da will ich nicht euer Gärtner sein", sagte der Prinz, „lasst mich lieber euer Scheunenvogt werden."

„Gut, hier ist meine Scheune! Hast du jemals eine größere und schönere gesehen?"

„Größere? Ha, da solltet ihr die meiner Mutter sehen! Denkt euch, als man sie baute und der Zimmermann ganz oben saß und mit seiner Axt hieb, flog diese vom Stiel ab, und ehe sie die Erde berührte, hatte eine Schwalbe ihr Nest gebaut, Eier gelegt und Junge ausgebrütet. Ja, ihr glaubt wohl, dass das eine Lüge ist, mein König?"

„Nein, das tue ich nicht. Die menschliche Kunst geht sehr weit; warum sollte deine Mutter nicht eine solche Scheune haben können?"

So ging es fort, aber der Prinz bekam weder das Reich noch die Prinzessin; sie wurden daher beide von Kummer und Sehnsucht verzehrt, denn der König hatte geschworen: „Niemand bekommt meine Tochter, wenn er mir nicht eine Lüge sagen kann."

Und doch ließ ihn sein gutes Herz nie an eine solche glauben; ja, als er endlich starb und in den großen marmornen Sarg gelegt ward, hatte er doch keine Ruhe, und man sagt, dass er noch auf der Erde wie ein unseliger Geist umherwandelte, weil sein Verlangen nie gestillt ward.

Lessingdenkmal auf dem „kleinen" Lessingplatz

CENTRUM AM DOM

Hier bricht Andersen seinen Märchen-Erzählton ab und kehrt wieder zurück in seine Reisebeschreibung, gibt aber dem Märchen eine überraschende Wendung:

So weit war ich mit meiner Erzählung gekommen, also bis zu Ende, da klopfte es an meiner Tür; ich rief: „Herein!" – und – man denke sich meine Überraschung! Da stand der alte König vor mir, mit der Krone auf dem Kopf und dem Zepter in der Hand.

„Ich hörte, dass du meine Lebensgeschichte erzähltest, und das hat mich zu dir geführt", sagte er. „Weißt du vielleicht eine Lüge, eine Lüge, die mir Ruhe im Grabe verschaffen kann?"

Ich suchte mich zusammenzunehmen, sagte ihm, wie ich dazu gekommen sei, mir selbst sein Leben und seine Geschichte zu erzählen, und erwähnte nur die „Drei Tage aus dem Leben eines Spielers".

„Erzähle mir doch das Stück!", bat er, „ich liebe sehr das Fürchterliche; ich bin ja selbst, als Geist, in meinen alten Tagen noch fürchterlich!"

Nun fing ich an zu erzählen, ging Szene für Szene durch und zeigte ihm dies Gemälde aus dem menschlichen Leben; da verklärten sich seine Züge, er ergriff meine Hand und sagte voll Begeisterung: „Das ist eine Lüge, mein Sohn! So geht es nicht in der Welt zu; aber nun bin ich erlöst! Habe Dank, dass du mir das erzählt hat! Gepriesen sei Louis Angely, der dies Stück auf die Bühne brachte, und gesegnet Victor Ducange, der es machte! Jetzt werde ich Ruhe im Grabe haben."

links: Burgplatz von Braunschweig

oben und unten: Das Haus „Salve Hospes" wurde 1805 für den Kaufmann Dietrich Wilhelm Krause errichtet und war zu dieser Zeit Mittelpunkt des geistigen und gesellschaftlichen Lebens in Braunschweig. Andersen bewunderte vor allem die Schönheit des Gartens. „Alles Blumen und Wohlgeruch", schwärmte er in seinem Tagebuch.

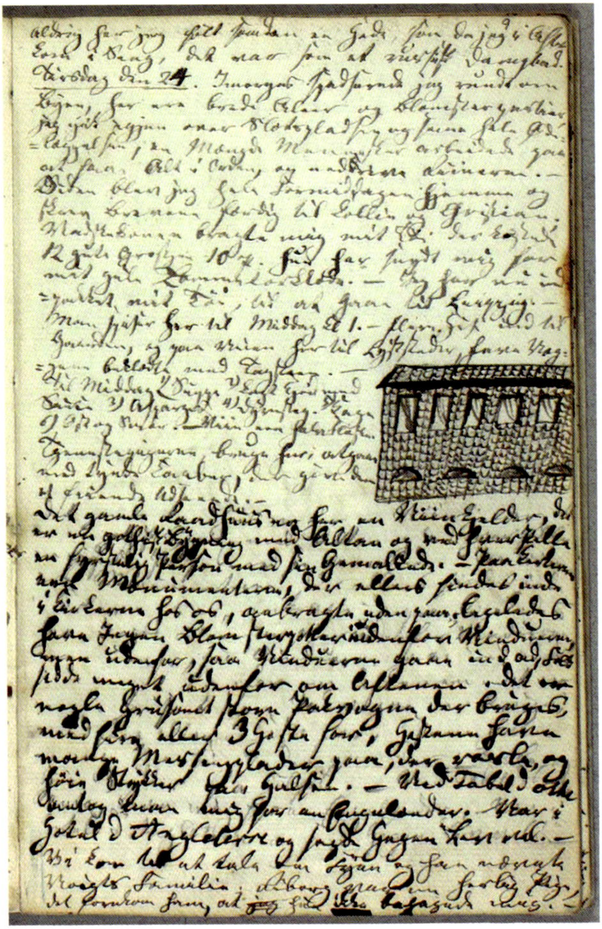

Ein Braunschweiger Haus, bekleidet mit Schieferschindeln, gezeichnet von Hans Christian Andersen 1831; Quelle: Det Kongelige Bibliotek

Stechinelli-Haus in Braunschweig. An den ehemaligen Erbauer des Hauses, um den sich zahlreiche Legenden ranken, erinnert an der linken Seite der Hausfront die Figur eines Jungen mit einem Hut in der Hand, über ihm ein springender Löwe. Der Junge soll den bettelnden Francesco Capellini (genannt Stechinelli), Sohn verarmter Adliger, später Schützling von Herzog Georg Wilhelm, darstellen.

Am nächsten Tag war der Ärger verflogen und Andersen machte sich auf, um sich die Stadt anzuschauen und am Fallersleber Tor Heinrich Marr zu besuchen, einen der bekanntesten deutschen Schauspieler dieser Zeit, der 1831 ein Engagement am Hoftheater hatte. „Es war Pfingstmontag, und die Stadt bot ein stilles und friedliches Bild. Die Fenster waren geöffnet, Blumen standen auf den Fensterbänken und Dienstmädchen in bunten Kattunmänteln flatterten durch die Straßen." Bemerkenswert fand Andersen, dass mehrere Häuser mit Dachziegeln (vermutlich waren es wohl Schieferschindeln) bekleidet waren und die Fenster nach innen statt nach außen geöffnet wurden.

Erstaunt war Andersen auch über die entsetzlich großen Packwagen, mit drei oder vier Pferden davor, die viele rasselnde Messingplatten und hohe Stücke an den Hälsen trugen. Da die Festungswälle bereits abgetragen waren, spazierten die Menschen auf langen Alleen zwischen hübschen Blumenanlagen. Die Glocken des Domes St. Blasii läuteten, Andersen ließ sich vom Strom der Kirchgänger mit in den Dom ziehen, in dem „die alten braunschweigischen Herzöge [...] in Staub und Asche dort unten in ihren kupfernen und marmornen Särgen (lagen)", berichtet er ein wenig respektlos und bemerkt dazu entschuldigend, das sei alles, was er von seinem kurzen Besuch dort erzählen könne.

Eine Trauung, die nach dem Gottesdienst im Dom stattfand, nimmt Anderen in seinen „Schattenbildern" zum Anlass, seinen Lesern ein Gedicht über das Liebesleid eines jungen Mannes zu präsentieren – möglicherweise auch eine Erinnerung an seine eigene verschmähte Liebe in Dänemark.

Der Dom St. Blasii in Braunschweig

Der Dom St. Blasii wurde als Stiftskirche von Heinrich dem Löwen in den Jahren 1173 bis 1195 als dreischiffige Gewölbebasilika errichtet. Heinrich der Löwe bestimmte diese Kirche als seine Grabstätte und wurde 1195 auch hier neben seiner englischen Gemahlin Mathilde bestattet. Die Anlage wurde bis heute mehrfach umgebaut, erweitert und rekonstruiert. Zu den bedeutendsten Kunstwerken gehören der Marienaltar (1188), der siebenarmige Leuchter (um 1170/80) und das aus Holz geschnitzte Imervardkreuz (2. Hälfte 12. Jahrhundert) sowie das Grabmal von Heinrich dem Löwen und Mathilde. Besonders sehenswert ist zudem die Krypta.

Der Dom St. Blasii, die Grablege des Welfenhauses, zählt mit seinen romanischen Kunstwerken zu den herausragenden Domen Deutschlands.

Dom St. Blasii

Burgplatz 5
38100 Braunschweig

Öffnungszeiten

täglich 10.00–17.00 Uhr

Eintrittspreise

keine

Führungen

Mo–Fr 11.00–15.00 Uhr
und nach Vereinbarung

Ansprechpartner für Führungen

Dompfarramt
Mo–Fr 9.00–16.00 Uhr
Tel.: (05 31) 24 33 50
Fax: (05 31) 2 43 35 24
dompfarramt@braunschweigerdom.de

Internet

www.braunschweig.de

Die Mutter.
Du kommst schon von der Kirche zurück?
Willst Du den Brautzug dort nicht sehn?
Schön Gretchen steht vor dem Traualtar.
Doch du bist bleich! – Du großer Gott! –
Du siehst ja heute grad' so aus
Wie damals – ha, wie schauert's mich! –
Als du, ein Kind, im Grase lagst,
Im Fuß 'nen gift'gen Schlangenbiss,
Den Todesschmerz im Angesicht,
Den doppelt, ach, ich mit Dir litt!
Und in die Erd' grub ich den Fuß,
Die Erde sog das Gift heraus: –
Das hat getan der gute Gott!

Der Sohn.
Ja, Mutter, ja, die Erde hilft!
Jetzt sitzt das Gift im Herzen mir,
Ich fühle es – erbarm dich, Gott!
Die Erde saugt auch das heraus.
O, Mutter, vergrab' mein krankes Herz,
Das hilft, das gibt den Frieden mir!

Dom zu Braunschweig, nördliches Seitenschiff

links: Denkmal für Carl Wilhelm Ferdinand (1735–1806) auf dem Schlossplatz

Andersen trat aus der Kirche heraus und besah sich noch einmal die Grabschriften an der Außenmauer, bevor er zum Rathaus spazierte, das da „in seiner ganzen gotischen Ehrwürdigkeit“ stand. Dann ging er zum Schlossplatz, um sich die Überreste des weitgehend niedergebrannten Residenzschlosses anzuschauen, „dessen zertrümmerte Fenster mit Brettern vernagelt und an dessen Wänden man die Spuren des schwarzen Rauches sah“. Acht Monate zuvor, am 7. September 1830, hatte eine wütende Menschenmenge das Schloss gestürmt, um den verhassten Herzog Karl II. zu verjagen. Das Gebäude wurde niedergebrannt und geplündert, jedoch bereits wenige Jahre später wieder aufgebaut. (Nach den erheblichen Zerstörungen im Zweiten Weltkrieg riss man das Schloss 1960 trotz heftiger Proteste aus der Bevölkerung nieder. Heute steht auf dem Gelände des früheren Residenzschlosses eine Rekonstruktion, deren Fassade aus den erhalten gebliebenen originalen Bauelementen des Schlosses besteht. Andersens Prophezeiung, dass dort eines Tages wieder ein neues und herrlicheres Schloss stehen oder eine Promenade langführen würde, hat sich also nur zum Teil bewahrheitet.)

Am Dom

Andersen aß zu Mittag. Über die Menüfolge notierte er penibel in seinem Tagebuch: „1) Suppe, 2) gekochtes Fleisch mit Soße, 3) Spargel, 4) Rehbraten, 5) Kuchen, 6) Käse und Butter. – Wein eine halbe Flasche“. Dann wanderte der

Denkmal für Herzog Friedrich Wilhelm (1771–1815) auf dem Schlossplatz

Dichter weiter zur Villa „Salve Hospes", die dem wohlhabenden Kaufmann Dietrich Wilhelm Krause gehörte und zu dieser Zeit der Mittelpunkt des geistigen und gesellschaftlichen Lebens in Braunschweig war (das Gebäude ist heute Sitz des Kunstvereins). Andersen war beeindruckt von der Schönheit des Gartens, der damals jedermann offen stand, und vom Ausblick auf die Landschaft, die sich ihm vom Garten aus bot:

„Hier war ein Wald von Blumen und von großen Fruchtbäumen des Südens, die in großen Kübeln um das Haus herum standen. Alles Blumen und Wohlgeruch! Von einem Platz im Garten, der sich bis an einen Arm der Oker hinab erstreckte, sah man eine der lieblichsten Landschaften, die man sich nur träumen kann. Es war eine Bleiche, eine große Wiese, die ganz gelb von Blumen war; etwas weiter lagen Gartenhäuser zwischen Buchen und hohen Pappeln, und fernhin am Horizont erhob sich der Harz mit dem Brocken, der wie eine graue Gewitterwolke unter den anderen sonnenbeleuchteten Wolkenbergen hervorragte – es war ein vollendetes Gemälde!"

„Nun habe ich die Berge gesehen, aber nur als ein Schattenspiel an der Himmelswand!“, schrieb Andersen begeistert in sein Tagebuch. Bei Mondschein spazierte der Dichter schließlich wieder zurück zum Hotel, vorbei an der Burg Dankwarderode, der alten Residenz Heinrichs des Löwen, und dem Burglöwen – und vorbei an einer Menschenmenge, die aus dem Theater herausströmte und „etwas verdächtig“ aussah, was Andersen in seinen „Schattenbildern“ amüsiert kommentierte: „Man sagte, dass zwei Damen und ein junger Offizier während der Vorstellung Krämpfe bekommen hätten. Hätten sie, so wie ich, einander Kindermärchen erzählt oder Wiegenlieder gesungen, da wären die Krämpfe wohl vorübergegangen.“

Am dritten Tag nach seiner Ankunft in Braunschweig verließ Andersen die Stadt per Schnellpost in Richtung Goslar. Einen Tag zuvor hatte er bereits gepackt und dabei bemerkt, dass ihm die Waschfrau, die ihm für „12 gute Groschen und 10 Pfennig“ die Wäsche gewaschen hatte, um sein gelbes Taschentuch betrogen hatte. In den folgenden Jahren kehrte Andersen immer wieder nach Braunschweig zurück. Er

Die Fassadenfront des Braunschweiger Schlosses, des Residenzschlosses der Welfen. Das Schloss wurde im Zweiten Weltkrieg zerstört. Im Jahre 2007 erfolgte die Rekonstruktion der Fassade in ursprünglicher Größe und am historischen Platz anhand alter Pläne und historischer Fotos.

An der Oker

Heinrich der Löwe, Burg Dankwarderode und der Burglöwe

Der Welfen-Herzog Heinrich der Löwe (1129–1195) war neben dem deutschen Kaiser der mächtigste Fürst des Heiligen Römischen Reiches Deutscher Nation. Seine Territorien reichten von der Ostsee und den ost-elbischen Gebieten bis nach Kärnten und Südtirol. Braunschweig baute er zu seiner festen Residenz aus. 1168 heiratete er Prinzessin Mathilde von England, Tochter König Heinrichs II. und Eleonores von Aquitanien, und stellte damit intensive Verbindungen zum anglo-normannischen Königreich her. Nach politischen Auseinandersetzungen mit Kaiser Friedrich Barbarossa musste er ins englische Exil. Am 6. August 1195 starb Heinrich der Löwe. Seine Residenz, die Burg Dankwarderode, wurde auf dem Grundriss des im Jahre 1175 entstandenen Saalbaues des Herzogs ab 1887 rekonstruiert und wieder errichtet. Den Burglöwen, ein Bronzeguss aus dem Jahre 1166, ließ Heinrich der Löwe als Wahrzeichen seiner Macht und seiner Gerichtsbarkeit errichten.

hatte Kontakt zum Braunschweiger Verleger Eduard Vieweg aufgenommen, dessen Verlagshaus heute noch am Burgplatz zu sehen ist (Viewegsches Verlagshaus, heute Braunschweigisches Landesmuseum). 1839 kam im Verlag Friedrich Vieweg & Sohn die erste deutsche Übersetzung von Andersens Märchen in Buchform heraus, die „Märchen und Erzählungen für Kinder“, mit drei Kupfertafeln des deutschen Künstlers Georg Osterwald.

Intensiven Kontakt pflegte der Dichter in Braunschweig übrigens auch zu Georg Westermann, Gründer des Braunschweiger Westermann-Verlages, und Carl de Marées, damaliger Leiter der heute noch bestehenden Fürstenberger Porzellanmanufaktur.

Andersen übernachtete später nicht mehr im „Hotel d'Angleterre“, sondern im Hotel Deutsches Haus, das 1896 von der Neuen Straße zum Ruhfäutchenplatz umzog und bis heute als Hotel weiterbesteht. Er schaute sich die „herzogliche Villa“ an, mit der er wohl Schloss Richmond meinte, das 1768/69 für die englische Prinzessin Augusta, Gemahlin Herzog Karl Wilhelm Ferdinands, erbaut worden war. Das Schloss in der Wolfenbütteler Straße 55 dient heute repräsentativen Zwecken und kann besichtigt werden. Und er besuchte das Denkmal für Ferdinand von Schill, der 1809 mit Freiwilligenverbänden einen Aufstand gegen die napoleonische Besatzung unternahm und dabei fiel. Das Denkmal existiert auch heute noch, wurde jedoch später in eine Erinnerungsstätte für die gefallenen deutschen Soldaten des Zweiten Weltkrieges umgewidmet und ist nun in die Gedenkstätte KZ-Außenlager Braunschweig Schillstraße integriert.

Am 19. August 1861 wohnte Andersen dem Fest zum 1000-jährigen Bestehen Braunschweigs bei. „Die Häuser waren mit Girlanden und Fahnen dekoriert und am Abend waren der Marktplatz und die Kirche illuminiert“, schrieb Andersen in sein Tagebuch. 1872 weilte Andersen letztmalig in Braunschweig, drei Jahre später starb er.

Burg Dankwarderode

Herzog Anton Ulrich-Museum
Burgplatz 4
38100 Braunschweig
Tel.: (05 31) 12 25 0

Öffnungszeiten

Di–So 10.00–17.00 Uhr,
Mi 13.00–20.00 Uhr

Eintrittspreise

Erwachsene 3,– EUR,
ermäßigt 1,50 EUR,
Jahresverbundkarte 20,– EUR,
ermäßigt 10,– EUR,
Kinder 4–14 Jahre 0,50 EUR,
Jahresverbundkarte 10,– EUR,
Führungen 2,– EUR,
Vorträge kostenlos

Führungen

nach Voranmeldung
Tel.: (05 31) 12 25 0
Fax: (05 31) 12 25 24 08
info@museum-braunschweig.de

Internet

www.museum-braunschweig.de

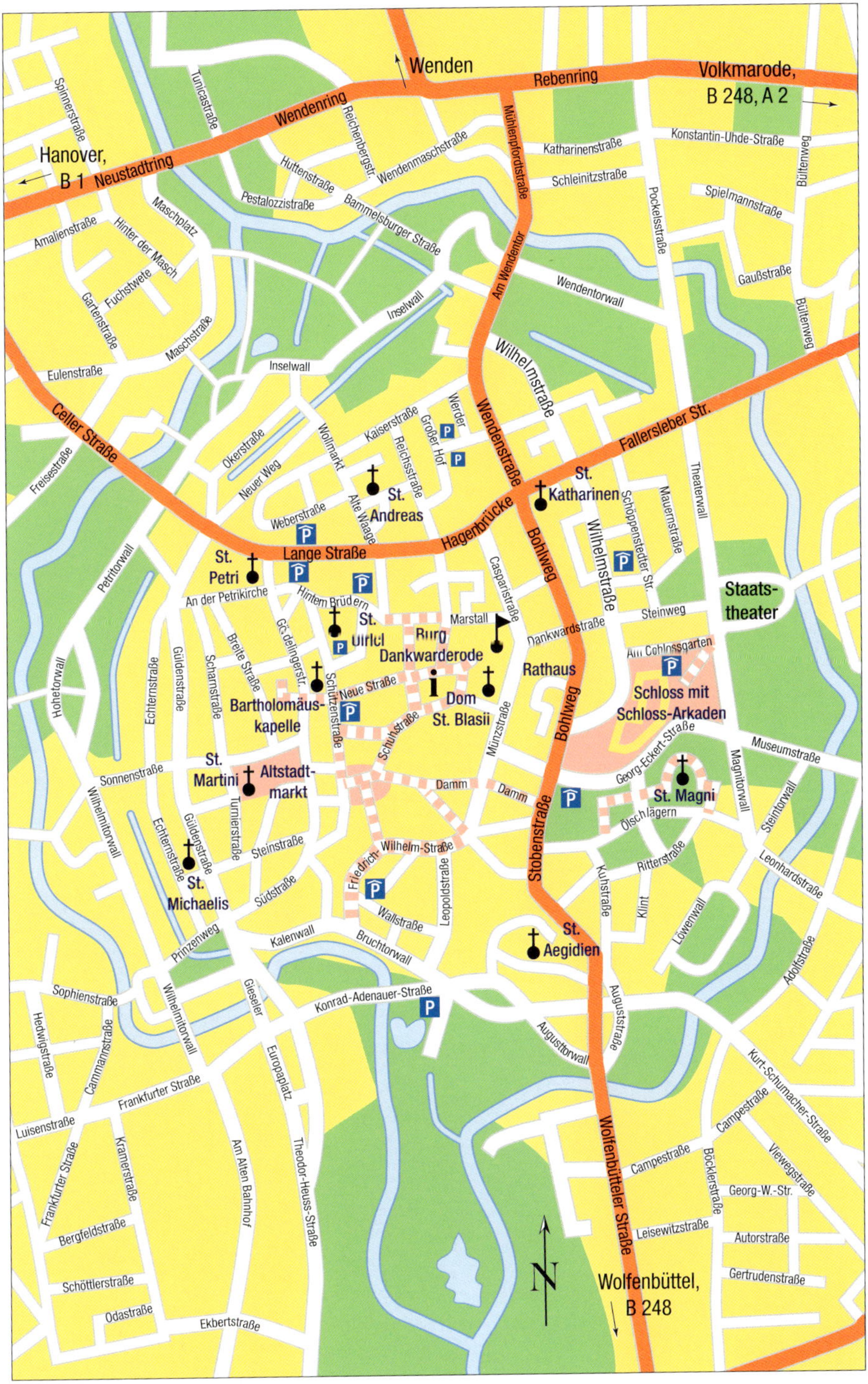
Wenden
Rebenring
Volkmarode,
B 248, A 2
Wendenring
Hanover,
B 1
Neustadtring
Spinnerstraße
Tunicastraße
Reichenbergstr.
Mühlenpfordstraße
Katharinenstraße
Konstantin-Uhde-Straße
Bültenweg
Wendenmaschstraße
Huttenstraße
Schleinitzstraße
Spielmannstraße
Pockelsstraße
Pestalozzistraße
Bammelsburger Straße
Maschplatz
Amalienstraße
Hinter der Masch
Fuchstwete
Gartenstraße
Am Wendentor
Wendentorwall
Gaußstraße
Inselwall
Maschstraße
Eulenstraße
Wilhelmstraße
Celler Straße
Werder
Großer Hof
Wendenstraße
Fallersleber Str.
Kaiserstraße
Reichsstraße
Wollmarkt
Okerstraße
Neuer Weg
Freisestraße
Theaterwall
St. Andreas
Alte Waage
Weberstraße
St. Katharinen
Schöppenstedter Str.
Mauernstraße
Hagenbrücke
Lange Straße
St. Petri
Petritorwall
Bohlweg
Casparistraße
Staatstheater
An der Petrikirche
Hintern Brüdern
St. Ulrici
Marstall
Steinweg
Burg Dankwarderode
Dankwardstraße
Am Schlossgarten
Hohetorwall
Güldenstraße
Echternstraße
Scharrnstraße
Breite Straße
Gördelingerstr.
Schützenstraße
Neue Straße
Rathaus
Dom St. Blasii
Bartholomäuskapelle
Schuhstraße
Münzstraße
Schloss mit Schloss-Arkaden
Georg-Eckert-Straße
Museumstraße
Sonnenstraße
St. Martini
Altstadtmarkt
Damm
Stobenstraße
St. Magni
Magnitorwall
Wilhelmitorwall
Turnierstraße
Ölschlägern
Steintorwall
Steinstraße
Friedrich-Wilhelm-Straße
Leopoldstraße
Kuhstraße
Ritterstraße
Leonhardstraße
St. Michaelis
Südstraße
Wallstraße
Klint
Löwenwall
Prinzenweg
Kalenwall
Bruchtorwall
St. Aegidien
Adolfstraße
Sophienstraße
Gieseler
Konrad-Adenauer-Straße
Auguststraße
Hedwigstraße
Cammannstraße
Europaplatz
Augusttorwall
Kurt-Schumacher-Straße
Frankfurter Straße
Luisenstraße
Kramerstraße
Am Alten Bahnhof
Theodor-Heuss-Straße
Wolfenbütteler Straße
Campestraße
Viewegstraße
Böcklerstraße
Georg-W.-Str.
Leisewitzstraße
Autorstraße
Bergfeldstraße
Gertrudenstraße
Schöttlerstraße
Odastraße
Ekbertstraße
Wolfenbüttel,
B 248
N
P

Der Harz

Der Harz

Lieblingsgebirge der Romantiker

Der Harz war neben Rügen, der Sächsischen Schweiz und Franken eines der bevorzugten Reiseziele der deutschen Romantiker. Das norddeutsche Mittelgebirge mit seiner wilden, unberührten Natur, den mächtigen Burgen, Schlössern, Festungen und Ruinen, seinen mittelalterlichen Städten, umgeben von Reichsstädten wie Goslar, Nordhausen und Mühlhausen, von Pfalzen, Bistümern und Stiften wie Magdeburg, Halberstadt und Quedlinburg war das gelobte Land der deutschen Romantik. Fasziniert von den zahlreichen Sagen, Mythen und Legenden galt der Harz den Romantikern als „Ort des Erhabenen, als historischer Raum einer noch ablesbaren Vorzeit, als Landschaft, die sich den Postulaten der Aufklärung und den Idealen des Schönen entzog" (Berghahn, S. 95).

S. 56–57: Die Bode in Schierke

links: Dichte Wälder im Hochharz über Goslar

Die Begeisterung für den Harz begann im 18. Jahrhundert und lockte die Vertreter verschiedener literarischer Epochen in die Gegend. 1759 durchwanderte Friedrich Gottlieb Klopstock das Bodetal, 1777 bereiste Johann Wolfgang von Goethe erstmals das Gebirge, 1783 zum zweiten, ein Jahr später zum dritten Mal. Es folgten die romantischen Dichter: 1792 Ludwig Tieck, 1793 Novalis, 1797 und 1798 Heinrich von Kleist, 1805 Joseph von Eichendorff. Heinrich Heine zog es 1824 in den Harz, später waren es dann Ludwig Uhland, Wilhelm Raabe, Theodor Fontane und Hermann Löns.

Der Harz wird zu einem literarischen Imaginationsraum, aus dem Motive und Bilder für literarische Werke aller Gattungen entnommen wurden. An erster Stelle aber standen die Reisebeschreibungen, von denen es bereits 1788 so viele gab, dass in der Allgemeinen deutschen Bibliothek, der von 1765 bis 1806 erschienenen Zeitschrift, die Forderung aufgestellt wurde, keine Harzreiseberichte mehr zu schreiben.

An der Oker bei Goslar

„Harzen"

„Harzen" nennen die Dänen den Harz. Sie lieben ihn wohl, weil die Landschaft in Dänemark so flach und der Harz das nächstgelegene Gebirge ist. Sicherlich reizte das auch den „Flachländler" Andersen an einer Harzwanderung, aber natürlich hatte auch er sich von der Begeisterung der romantischen Dichter und bildenden Künstler für das Mittelgebirge anstecken lassen.

Mit der deutschen Literatur gut vertraut, kannte Andersen wohl auch die literarischen Zeugnisse der Harzreisen deutscher Dichter, vor allem aber die der deutschen Romantiker.

Blick auf den Harz, gezeichnet von Hans Christian Andersen 1831; Quelle: Det Kongelige Bibliotek

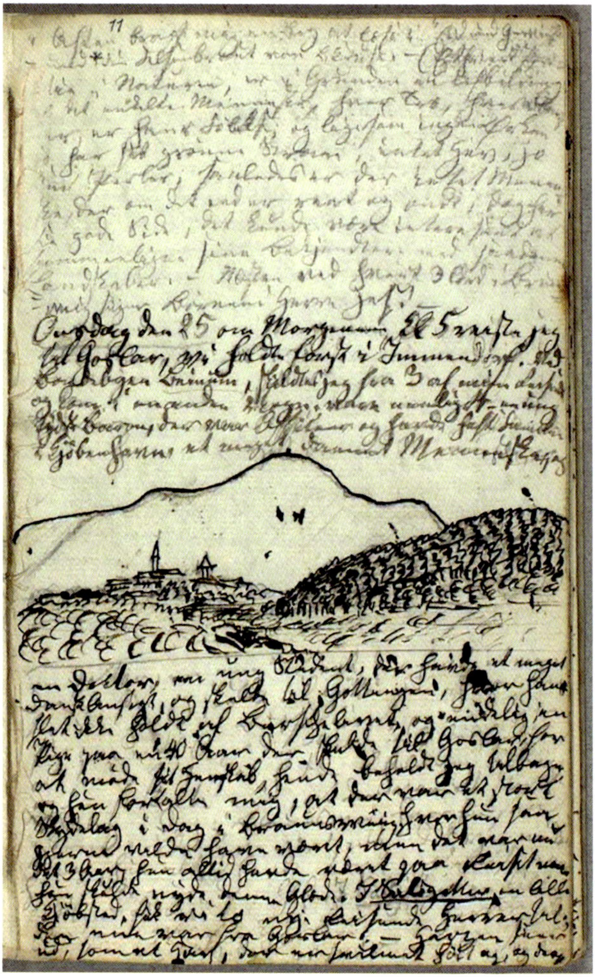

Sicherlich hatte er sich inspirieren lassen von den beiden Kunstmärchen des von ihm hoch verehrten Romantikers Ludwig Tieck, „Der blonde Eckbert“ und „Der Runenberg“, die beide im Harz lokalisiert sind. Und er kannte auch die vielen Harzsagen aus den „Deutschen Sagen“ von Jacob und Wilhelm Grimm, die 1816 bis 1818 erschienen waren. Vor allem aber war es der von Andersen nicht minder verehrte Dichter Heinrich Heine, der mit seiner 1826 veröffentlichten „Harzreise“ wohl den Ausschlag für eine Wanderung durch den Harz gab.

Besonders die grandiose Naturkulisse des Harzes und die vielen alten Sagen faszinierten den dänischen Dichter. So schrieb Andersen auf seiner Harzwanderung in Mägdesprung:

Andersens Reise von Braunschweig nach Leipzig

„Es sind nicht bloß die großen Felsmassen mit ihren unübersehbaren Waldungen, das hohe Gebüsch, das sich über den brausenden Fluss hinschlängelt, oder die tote Steinmasse eines halb verfallenen Gebäudes, welche diese Gegend romantisch machen; erst wenn sich an diese Natur die eine oder andere Sage knüpft, erscheint das Ganze in seiner vollkommenen magischen Beleuchtung, die es so recht hervorhebt, dann bekommen die toten Massen Leben, es ist keine tote Dekoration mehr, es kommt Handlung hinein, jedes Blatt, jede Blume steht da wie ein redender Vogel und die

Harzwanderung von Hans Christian Andersen

Der Weg, den Hans Christian Andersen bei seiner Wanderung durch den Harz vermutlich genommen hat, folgt mit Abweichungen dem heutigen Europäischen Fernwanderweg E 11 in Mittelgebirgen Deutschlands (www.fernwege.de) und verschiedenen Wanderwegen des Harzklubs e. V. (www.harzclub.de). Im Einzelnen wird Andersen wohl wie folgt gewandert sein:

Erste Etappe: Von Goslar auf dem E 11/50 A – 50 E über Oker, Bad Harzburg, Ilsenburger Stieg nach Ilsenburg; von dort das Ilsetal entlang (9 E) auf den Brocken.

Zweite Etappe: Vom Brocken auf dem „Harzer Hexenstieg“ (10 E/55 E) zum Bahnhof Drei Annen Hohne; von dort in Richtung Königshütte (48 J/48 K) zur Königsburg und um die Überleitungssperre zur Ruine Susenburg nach Rübeland und zur Baumannshöhle; von Rübeland auf dem „Weg deutscher Kaiser und Könige des Mittelalters im Harz“ (29 H) zum Kloster Michaelstein am Ortsrand von Blankenburg (26 A); von dort weiter auf dem E 11/50 J in den Ortskern von Blankenburg.

Dritte Etappe: Vom Kloster Michaelstein am Ortsrand von Blankenburg auf dem „Mühlenweg“ zur Burgruine Regenstein und wieder zurück nach Blankenburg; vom Großvaterfelsen auf dem E 11/50 K in Richtung Timmenrode, an der Teufelsmauer entlang (oder auf dem Kamm) in Richtung Benneckenrode und Rosstrappe (E 11/50 L) zum Rosstrappenfelsen und zum Hexentanzplatz; von dort auf dem 51 D und 51 B vorbei an der Ruine Lauenburg (45 D) nach Stecklenburg; von dort durch Bad Suderode (50 N und 50 O) nach Gernrode; über das Forsthaus Haferfeld und den Haltepunkt Sternhaus/Haferfeld nach Mägdesprung (44 H, 53 D, 34 B); von dort über Alexisbad (34 C) nach Harzgerode.

Vierte Etappe: Von Harzgerode auf dem 68 A bis Dankerode; dann auf dem 70 C nach Königerode, in Königerode in Richtung Süden zum Forstamt Schiefergraben und von dort auf der 60 C in Richtung Wippra und weiter auf der 64 E zum Schloss Rammelburg; im Tal der Wippra (61 G) über Biesenrode und Vatterode nach Leimbach; von Leimbach auf der Friedensallee bis Mansfeld und von dort entweder auf dem Lutherweg (www.lutherweg.de) oder auf dem Radweg Saale-Harz (www.adfc-tourenportal.de) zur Lutherstadt Eisleben.

Quelle wie eine singende Fontäne, die ihre ewig rieselnden Akkorde zu diesem Melodram der Geister schlägt."

Mit Heine im literarischen Gepäck brach der „Candidatus philosophia" am 26. Mai 1831 in Goslar auf, um die Gegend seiner Sehnsucht zu erkunden. Er nahm dabei eine „klassische" Route, die an den bedeutenden Sehenswürdigkeiten des Harzes vorbeiführte und die schon andere Dichter vor ihm verfolgt hatten:

- 26. Mai 1831: von Goslar, an der Ruine von Harzburg vorbei nach Ilsenburg auf den Brocken, Übernachtung auf dem Brocken,
- 27. Mai 1831: vom Brocken über Rübeland (Baumannshöhle) nach Blankenburg, Übernachtung in Blankenburg,
- 28. Mai 1831: von Blankenburg über Burgruine Regenstein, Rosstrappe, Mägdesprung, Alexisbad nach Harzgerode, Übernachtung in Harzgerode,
- 29. Mai 1831: von Harzgerode, über Königerode, Leimbach, Klostermansfeld nach Eisleben.

Die mittelalterliche Burgruine Stecklenburg im Ostharz

Der Weg hatte Andersen offenbar sehr gut gefallen, denn er empfahl ihn acht Jahre später der jüngsten Tochter seines Gönners Collin, Louise Collin. In einem Brief an die 26-Jährige schrieb er:

„Vergessen Sie nicht, den Brocken zu besteigen, Baumanns Höhle zu besichtigen, die Rosstrappe, in den Rammelsberg zu gehen und wenn Sie einen Tag in Blankenburg sind, spazieren Sie hinaus vor die Stadt zur Ruine Regenstein."

Von der Mühsal der Harzreisenden

Bis weit in das 19. Jahrhundert hinein mussten Harzreisende Strapazen und Unwägbarkeiten auf sich nehmen. Die meisten Wege waren schlecht ausgebaut und deshalb beschwerlich, es gab – außer auf den populären Wegen zum Brocken hinauf – kaum Wegweiser. Hütten, die Schutz vor schlechtem Wetter geboten hätten, und Wirtshäuser waren eine Seltenheit. Allein auf der Brockenkuppe, dem bevorzugten Ziel der meisten Harzwanderer, ließ Graf Christian Friedrich zu Stolberg-Wernigerode im Jahre 1800 ein Wirtshaus mit zwölf beheizbaren Stuben errichten. Davor hatte eine kleine steinerne Hütte, das „Wolkenhäuschen", Schutz vor Wind und Wetter geboten.

An der Rosstrappe

Und noch bis zur Mitte des 19. Jahrhunderts konnte es Harzreisenden auf waldreichen, abgelegenen Wegen passieren, dass sie von Räuberbanden überfallen wurden. Auch Andersen beschrieb in seinen Tagebuchaufzeichnungen von seiner Harzwanderung im Sommer 1831 mehrere Situationen, in denen ihm unbehaglich zumute war. Über den Weg zwi-

Kloster Michaelstein

schen der Ruine Harzburg und Ilsenburg schrieb er in den „Schattenbildern":

„Wir holten einen Postboten ein, der nach Blankenburg ging; er erzählte uns, dass es auf diesem Wege bis vor zwei Jahren so viele ‚Spitzbuben' gegeben habe, und dass es auch jetzt noch des Nachts hier nicht ganz sicher sei; und es war wunderlich, dass, indem er dieses erzählte, der Wald mir auf einmal weit dichter, weit finsterer und also auch weit unheimlicher vorkam."

Und zur Straße nach Mägdesprung, die Andersen in Begleitung zweier Schüler aus Berlin und Magdeburg beschritt, schrieb er:

„Wir begegneten auf der Straße auch einem Kerl, der so aussah, als sei er, so wie er leibte und lebte, eben aus einer Räubergeschichte entsprungen; aber er tat uns nichts, als er sah, dass wir so mannsstark waren; wir taten ihm auch nichts, und damit war seine Artigkeit bezahlt."

Eine große Hilfe für die Harzreisenden waren die Reisehandbücher, die Anfang des 19. Jahrhunderts auf den Markt kamen und sich wachsender Beliebtheit erfreuten, weil sie

Polizei-Reglement, die Harzführer betreffend vom 12. Dezember 1851

§. 1.
Wer seine Dienste auf öffentlichen Straßen und Plätzen oder in Wirtshäusern anbieten will, bedarf hierzu [...] einer polizeilichen Erlaubnis
§. 3.
[...] die Erlaubnis zum Anbieten ihrer Dienste als Harzführer [darf] nur solchen Personen erteilt werden, welche den allgemeinen Bedingungen für den selbstständigen Betrieb eines stehenden Gewerbes genügen, und welche außerdem den Behörden die Überzeugung von ihrer Unbescholtenheit und Zuverlässigkeit gewähren. Um als Harzführer für zuverlässig erachtet werden zu können, ist auch eine gehörige Bekanntschaft mit den Fahr- und Fußwegen und mit den Sehenswürdigkeiten des Harzes erforderlich. [...]
§. 5.
Jeder Harzführer muss um den linken Arm ein grünes Blechschild mit der Aufschrift „Harzführer", dem Anfangsbuchstaben des Kreises, in welchem er seinen Wohnsitz hat, und der Nummer, unter welcher er in das vom Oberbeamten geführte Verzeichnis der Harzführer eingeschrieben ist, tragen, und auf eigene Kosten sich anschaffen [...]
§. 7.
Harzführer, welche sich auf öffentlichen Straßen und Plätzen oder in Wirtshäusern aufstellen, um ihre Dienste anzubieten, sind verpflichtet, den Anforderungen der Reisenden, das Führergeschäft zu übernehmen, nachzukommen. Sie haben sich in Bezug auf die zu nehmende Reisetour sowie auf die Dauer des Aufenthalts an den einzelnen Punkten lediglich nach dem Willen des Reisenden zu richten.
§. 8.
Die Harzführer dürfen sich den Reisenden nicht aufdringen. Auch darf kein Harzführer einen anderen bei den Reisenden zu verdrängen suchen.
§. 9.
Auf Verlangen der Reisenden haben die Harzführer das Gepäck derselben zu tragen. Jedoch ist kein Harzführer zum Tragen von mehr als 40 Pfund Gepäck verpflichtet [...]
§. 11.
Die Harzführer haben sich gegen die Reisenden anständig und höflich zu betragen und sich nicht dem Trunke zu ergeben.

zumeist sehr präzise Angaben über Wege, Sehenswürdigkeiten und Gasthöfe machten. Kaspar Friedrich Gottschalck verfasste mehrere Reisehandbücher, darunter das über 400 Seiten umfassende „Taschenbuch für Reisende in den Harz", das 1806 in Magdeburg gedruckt wurde und für die Harzliteratur des 19. Jahrhunderts ein Meilenstein war. Das Buch erlebte fünf Auflagen und erschien 1843 das letzte Mal. Auch Heinrich Heine führte Gottschalcks Werk im Gepäck, als er 1824 zu seiner Harzreise aufbrach, und es ist anzunehmen, dass sich auch Andersen mit diesem Buch orientierte.

Populär waren die Reiseführer bei den Harzwanderern auch wegen der vielen nützlichen Tipps, zum Beispiel zur Kleidung. Sie solle weder zu leicht noch zu schwer, vor allem aber bequem, möglichst wasserdicht und in der Farbe nicht zu empfindlich sein, so die Empfehlungen. Aus heutiger Sicht ungesund erscheint der Rat, bei der Wanderung genügend Branntwein als kräftigendes Mittel für unerwartete Gelegenheiten mit sich zu führen. Auch Andersen erwähnt in den „Schattenbildern" und im Tagebuch an mehreren Stellen,

Palmettenfächer-Kapitell im Kapitelsaal im Kloster Michaelstein

linke Seite unten: Die phantastische (Musik-)Maschine in der großen Scheune des Klosters Michaelstein. Erfinder dieser Maschine war der französische Ingenieur und Architekt Salomon de Caus (1576–1626).

An der Teufelsmauer im Ostharz

Feldarbeit bei Königerode

S. 68–69: Kaiserpfalz Goslar

Forstwirtschaft bei Goslar

dass er gegen den Durst und zur Stärkung für unterwegs Madeira trinke.

Mit zunehmendem Fremdenverkehr im Harz begannen viele Harzbewohner, sich als Fremdenführer zu verdingen. Man bezahlte seinen Führer – oder auch seine Führerin, denn vielfach boten auch Frauen Führerdienste an – meist nur von einem Ort zum anderen und engagierte dann dort den nächsten. Obwohl für die Harzwanderer die Führer wegen ihrer meist guten Ortskenntnisse eine große Hilfe waren, gab es jedoch auch viele Klagen über grobes Verhalten, vor allem aber auch über zu hohe Forderungen der Fremdenführer.

In einem Brief an seinen Förderer und Gönner Edvard Collin vom 4. Juni 1831 klagte Andersen nach seiner Harzwanderung:

„Nachdem ich meine Ausgaben für die Wanderung überschlagen hatte, fand ich heraus, dass diese die teuerste war. Meine Stiefel gingen mehre Male kaputt, ich musste jeden Augenblick einen Führer engagieren, und man ist unverschämt teuer in den Bergen. Am günstigsten ist es, mit dem Eilwagen zu reisen, habe ich festgestellt [...] Ich fange erst jetzt an, die Ökonomie des Reisens zu erlernen, und sicherlich liege ich noch weit zurück. Aber es kann ja nützlich für mich sein, wenn ich ein anderes Mal, wie ich hoffe, eine größere Reise machen werde."

Vor allem wegen der hohen Forderungen der Fremdenführer rieten einige Reisehandbücher den Harzreisenden von der Nutzung der Dienste ab. Am 12. Dezember 1851 erließ die „Gräflich Stolberg-Wernigerödische Regierung" ein „Polizei-Reglement, die Harzführer betreffend", in dem unter anderem festgeschrieben wurde, dass die Führer nur mit einer polizeilichen Erlaubnis tätig werden konnten.

Andersen als Harzwanderer

Goslar

Auf dem sandigen Weg zwischen Braunschweig und Goslar konnte sich der Wagen der Schnellpost nur langsam fortbewegen, doch schließlich tauchte, eingeschlossen zwischen den Bergen, Goslar auf. Die „alte kaiserliche freie Reichsstadt“ sei einmal der Sitz der deutschen Könige und Kaiser gewesen, jetzt aber vor allem bekannt durch ihr Bergwerk und durch Heines „Reisebilder“, erklärt Andersen seinen Lesern in den „Schattenbildern“ und bemerkt dazu mit einem kleinen Seitenhieb auf den von ihm hoch verehrten deutschen Dichter:

„Hier spielte der Dichter Blumendieb und Herzensdieb – eine Geschichte, welche die ehrbaren Bürger von Goslar gar nicht mehr wissen wollten, die jedes Mal ein sehr saures Gesicht machten, wenn ich den Namen Heine nannte. Ich will deswegen etwas vorsichtiger sein.“

Auf den Spuren Heines besichtigte Andersen die Sehenswürdigkeiten der Stadt – ein wenig wie ein Tourist, denn der Dichter hatte, im Unterschied zu den anderen Städten, die er besuchte, keine für ihn wichtigen Kontakte in Goslar. Die drückende Luft und der Bergwerksduft waren Andersens erste Eindrücke von der Stadt. Man erzähle sich, dass dieser Bergwerksgeruch einige Ähnlichkeit mit dem Duft habe, mit dem sich der Teufel parfümiert, wenn er einen Ort wütend verlässt,

Der Marktbrunnen wird von einem Adler, dem Wappentier Goslars, gekrönt.

links: Die Silhouette des Braunschweiger Löwen vor der Goslarer Kaiserpfalz

Das Breite Tor gehörte einst zur Befestigungsanlage der mittelalterlichen Stadt.

Ansichten der Kaiserpfalz mit ihren vielen Bauten: die Pfalzkapelle St. Ulrich (links oben), das Kaiserhaus (rechts oben und unten), der Kaiserstuhl in der sogenannten Domvorhalle (rechts).

Vor der Pfalz wachen Kaiser Barbarossa und Kaiser Wilhelm I. (rechte Seite).

FRIEDRICH I

berichtet Andersen. Er spazierte zum Marktplatz, wo er sich den Marktbrunnen anschaute, der aus dem 12. Jahrhundert stammt und noch heute zu den Attraktionen Goslars zählt. Es sei auch dort wiederum der Teufel gewesen, der der Stadt eine ihrer größten Merkwürdigkeiten, den Marktbrunnen, zum Geschenk gemacht habe, indem er ihn eines Nachts zum Marktplatz brachte, berichtet Andersen.

Der Kaiserworth am Marktplatz, das 1494 erbaute und auch heute zu sehende frühere Gildehaus der Goslarer Tuchmacher, war Andersens nächste Station. Ein alter Bergmann stand vor dem Haus und zeigte seiner kleinen Enkelin die

Der Marktplatz, seit jeher Mittelpunkt des Alltagslebens der Stadt, mit dem Kaiserworth (links und oben) und dem Marktbrunnen. Die Kaiserfiguren an der Fassade des Kaiserworths weisen auf die Reichsfreiheit der Stadt Goslar hin, die nur an die Weisungen des Kaisers gebunden war.

Tourist-Information Goslar

Markt 7
38640 Goslar
Tel.: (0 53 21) 7 80 60
marketing@goslar.de

Öffnungszeiten

April–Oktober
Mo–Fr 9.15–18.00 Uhr,
Sa 9.30–16.00 Uhr,
So 9.30–14.00 Uhr
November–März
Mo–Fr 9.15–17.00 Uhr,
Sa 9.30 –14.00 Uhr

Internet

www.goslar.de

Kaiserfiguren an der Fassade des Hauses – „mit der Krone auf dem Haupt und dem Zepter in der Hand, alle sehr grell illuminiert, wie Nürnberger Bilder“, berichtet der Dichter. Er habe sich als Kind immer gefragt, welche Sprache ein König eigentlich spräche, und sich vorgestellt, dass es wohl ein „Kauderwelsch aus Dänisch, Deutsch und Französisch“ sein müsse.

Andersen wanderte aus der Stadt heraus zum Bergwerk Rammelsberg. Auf die zeitgenössischen Dichter übte das Bergwerk, das heute zum UNESCO-Weltkulturerbe gehört, eine starke Faszination aus und sicherlich hatte Andersen die Schilderungen von Johann Wolfgang von Goethe oder Heinrich von Kleist gelesen, die das Bergwerk zum Ende des 18. und Anfang des 19. Jahrhunderts besucht hatten. Dann stand Andersen zum ersten Mal in seinem Leben überhaupt vor einem Berg und fuhr in einen Schacht. Bereits zu dieser Zeit hatte man Teile des Bergwerkes Rammelsberg für Besichtigungen geöffnet. Andersen schloss sich einer kleinen Besu-

Weltkulturerbe Rammelsberg Museum & Besucherbergwerk

Bergtal 19
38640 Goslar
Tel.: (0 53 21) 750122
info@rammelsberg.de

Öffnungszeiten

tägl. 9.00–18.00 Uhr,
24. und 31. Dezember geschlossen.
Die letzte Führung beginnt 16.30 Uhr.
Abendführungen auf Anfrage

Zehn Jahrhunderte Bergbaugeschichte dokumentiert das Erzbergwerk Rammelsberg. Zusammen mit der mittelalterlichen Altstadt Goslars und ihrer Kaiserpfalz wurde es 1992 in die Welterbeliste der UNESCO aufgenommen.

Die Untertage-Romantik

Im Sommer 1793 wanderten Ludwig Tieck und Wilhelm Heinrich Wackenroder von Erlangen aus, wo sie ein Studium aufgenommen hatten, durch Franken. Bei dieser Wanderung besuchten die beiden Freunde auch Bergwerke, die bei Tieck einen so großen Eindruck hinterließen, dass er sie in seinem Kunstmärchen „Der Runenberg“ verarbeitete. Mit dem Besuch im Bergwerk nahm die „Unter-Tage-Romantik“ (Safranski, S. 102) ihren Anfang. Sie wurde von den Romantikern Novalis und E. T. A. Hoffmann weitergetragen und zeigte noch bei Hugo von Hoffmannsthal Wirkung. Bergwerke und Höhlen gelten als zentrale Metaphern der Romantik, als Schnittstelle der Symbolisierungen der Psyche und des Unterbewussten und als Ort naturwissenschaftlicher Erfahrung.

Goslar und der Rammelsberg

Die Geschichte Goslars ist untrennbar mit der Geschichte des Rammelsberges verbunden, in dem seit spätestens dem 3. Jahrhundert n. C. Erz abgebaut wurde. Der Silberreichtum des Rammelsberges veranlasste im 11. Jahrhundert Heinrich II., die Königspfalz nach Goslar zu verlegen. Heinrich III. erweiterte sie zur größten Pfalzanlage der Salier. Die von ihm zwischen 1040 und 1050 errichtete Kaiserpfalz gehört heute zu den größten Attraktionen Goslars. Im 11. und 12. Jahrhundert war Goslar einer der wichtigsten Herrschaftsorte des Reiches. Hier fanden 23 Reichstage statt, auf denen nicht nur deutsche, sondern auch europäische Politik betrieben wurde. Goslar erlangte durch den Handel mit den Silber-, Blei- und Kupfervorkommen des Rammelsberges auch innerhalb der Hanse eine bedeutende Stellung. Am 30. Juni 1988 wurde am Rammelsberg der letzte Förderwagen gehoben. Seitdem ist dort ein Museum.

Seite 76 und oben: An der Abzucht in Goslar

rechts: Frühling in Goslar

Der Zwinger war einst Teil der Befestigungsanlage der Stadt. Auch Hans Christian Andersen stattete diesem beeindruckenden Symbol der Wehrhaftigkeit Goslars einen Besuch ab.

chergruppe an, die von einem Führer mit einem Grubenlicht in die Tiefe geleitet wurde. Als sich die große Tür zum Berg öffnete, sei ihm „ganz wunderlich ums Herz" geworden, es sei wie der Abstieg in die Hölle gewesen, berichtet Andersen, doch später habe er sich an die „fremde Welt gewöhnt, die in ihrer ganzen Furchtbarkeit schön war".

Als der dänische Dichter wieder aus dem Bergwerk herauskam schien die Sonne und es war ihm, als habe er „nie etwas Freundlicheres" gesehen. Er lief auf einem kleinen Fußpfad um Goslar herum und erreichte den Zwinger, der in den Jahren von 1517 bis 1524 als Bestandteil der Stadtbefestigungsanlagen erbaut wurde. Zu dieser Zeit fanden in einem Saal im oberen Stockwerk des Zwingers „Bälle und Lustbarkeiten" statt, heute ist in dem mächtigen Turm ein kleines Museum untergebracht. Vom Zwinger aus spazierte der Dichter zur Domvorhalle. Elf Jahre zuvor war der Dom der Stadt, die Stiftskirche St. Simon und Judas, wegen Baufälligkeit

Blick von der Kaiserpfalz auf den Braunschweiger Löwen, die Marktkirche und das Reiterstandbild Wilhelms I.

abgerissen worden, was schon Heine in seinen „Harzreisen" beklagt hatte. Übrig geblieben war nur die Eingangshalle, in der man Inventarstücke des abgerissenen Doms unterbrachte. Auch heute noch werden in der Domvorhalle beeindruckende Architekturfragmente und andere Objekte präsentiert, z. B. die Sandsteinschranken und der Original-Unterbau des Goslarer Kaiserstuhls.

Andersen setzte sich auf den alten Kirchenstuhl und betrachtete die Bilder der Kaiser auf den großen Kirchenfenstern. Zur Zeit seines Besuchs in Goslar war in der Domvorhalle eine Steinplastik untergebracht, die angeblich Mathilde, die Tochter Kaiser Heinrichs III., in einem offenen Sarg darstellte. In seinem Reisebericht „Schattenbilder" nimmt Andersen die Plastik zum Anlass, seinen Lesern die Sage von der schönen Mathilde zu erzählen:

Mathilde war so schön, dass ihr eigener Vater sich in sie verliebte, weswegen sie Gott bat, dass er sie auf einmal recht hässlich machen möchte; da fand sich der Teufel bei ihr ein und versprach ihr, dass er des Vaters Liebe in Hass verwandeln wollte, wenn sie ihm auf immer anzugehören verspräche. Sie ging auf diesen Vertrag ein, doch unter der Bedingung, dass, wenn er sie die ersten drei Male, wo er zu ihr komme, nicht schlafend fände, sie seiner quitt sein sollte.

Um sich wach zu halten, nahm sie Seide und Nadel und stickte nun ein kostbares Gewand, während ihr kleiner Hund

rechts: Die unterschiedlichen Türme der Marktkirche prägen das Bild der Altstadt Goslars. Besonders sehenswert sind dort die neun mittelalterlichen Glasfenster aus dem ersten Drittel des 13. Jahrhunderts.

Hildesheim
A7, B 6
Vienenburg
B 6
Hildesheimer Straße
Heinrich-Pieper Straße
Stadtgarten
Reußstraße
Tappenstraße
Klosterstraße
Hirschstraße
Von-Burgdorf-Straße
Geheimrat-Ebert-Straße
Ruine
St. Georg
Bismarck
Denkmal
Bismarckstraße
Lindenplan
Klubgartenstraße
Mauerstraße
Rosentor
mit Achtemann
Teufelsturm
Weberturm
Bäckerstraße
Neuwerk
Kirche
Vititorwall
Rosentorstraße
Vogelsang
Spitalstraße
Springerstraße
Gundenstraße
Freundenplan
Petersilienstraße
Brüggemannstraße
Hagenwinkel
Wachtmeister-
turm
Zehntstraße
Untere
Schildwache
Jacobi
Kirche
Wohldenbergerstraße
Bäckerstraße
Piepmärkerstraße
Breite Straße
Ulrichscher
Garten
Stephani-
kirche
Jakobi-
kirchhof
Obere
Schildwache
Pfarr-
gasse
Unter-
gasse
Gosewinkel
Sommerwohlenstraße
Obere Kirchstraße
Untere Kirchstraße
Stephani-
kirchhof
Mönche-
straße
Mönchehaus
Museum
Schilderstraße
Mittel-
gasse
Bäckerstraße
Hokenstraße
Fischemäkerstraße
Breite Straße
Kriggenstraße
Bolzenstraße
Kornstraße
Gose-
straße
Gildehaus
der Färber
und Walker
Kreuz-
gasse
Jakobistraße
Ober-
gasse
Bäringerstraße
Marstallstraße
Münzstraße
Glocken- und
Figurenspiel
Schuhhof
Fleischscharren
Marktplatz
Ohlhof
Charley-Jacob-
Straße
Schulstraße
Rundenienstraße
Schielenstraße
Lämmer-
straße
St. Annenhau
Friesenstraße
Marktstraße
Marktplatz
Rathaus
Markt
Kaiser-
worth
Marktkirche
Domstraße
Kaninchengasse
Beekstraße
Marktstraße
Brust-
tuch
Markt-
kirchhof
Worthstraße
Knochenhauerstraße
Glockengießerstraße
Frankenberger Straße
Schreiberstraße
Bulkenstraße
Musikinstrumente-
und
Puppenmuseum
Stoben
Gemeinde-
hof
Zinnfiguren
museum
An der Abzucht
Abzuchtstraße
Bad Harzburg
Judenteich
Kemenate
Röver
Bergstraße
Zur Börse
An der
Gose
Worthsaaten-
winkel
Klapper-
hagen
Lohmühle
Großes
Heiliges
Kreuz
Goslarer
Museum
Glockengießerstraße
Köthersstraße
Forststraße
Obere
Mühlenstraße
Hoher Weg
Heer-
winkel
Ziegenstraße
Bermanns-
haus
An der Gose
Neue Straße
Liebfrauenberg
Kaiserbleek
Wallanlagen
Zwingerwall
Petersstraße
Oberes
Wasserloch
Kaiserpfalz
Dom-
vorhalle
Zwinger
Bergstraße
Thomasstraße
Wallstraße
Kahnteich
Bozene
Clausthal-
Zellerfeld
B 241
Clausthaler Straße
Werenbergstraße
Wasserbreeke
Am Stollen
Doktor-
Nieper-Str
Hainholz
Breiter Weg
Wallstraße
Siemensst
Kaisertorstraße
Werenberger Straße
Kupferrauchgasse
Bergdorfstraße
Am Stollen
N

Quedl neben ihr saß. Jedes Mal, wenn sie in Schlaf fiel und der Teufel sich ihr näherte, fing das treue Tier an zu bellen und sie war sogleich wieder wach und munter bei der Arbeit. Als der Teufel sich auf diese Weise hintergangen sah und nun sein Versprechen erfüllen musste, fuhr er mit seiner hässlichen Klaue über ihr Gesicht, sodass die schön gewölbte Stirn eingedrückt wurde und die königliche Nase breit und flach; den kleinen Mund schlitzte er bis an beide Ohren auf, und die hübschen Augen hauchte er an, sodass sie ganz matt und glanzlos wurden. Nun bekam Kaiser Heinrich einen Abscheu vor ihr und sie baute sich ein Kloster, das sie nach dem treuen Quedl Quedlinburg nannte und in dem sie selbst die erste Äbtissin war.

Abendstimmung auf dem Marktplatz in Goslar, von der auch Andersen tief beeindruckt war: Sie sei ihm vorgekommen wie in einer der verzauberten Städte aus den Märchen seiner Kindheit, schrieb er in sein Tagebuch.

Am Abend spazierte Andersen noch einmal durch Goslar, er war allein und die Stadt erschein ihm nun wie verzaubert:

„Es war Mondschein, auf den Straßen war alles still und die Häuser warfen große, schwarze Schatten. Das Wasser plätscherte einförmig in dem großen kupfernen Becken und die alten Kaiser standen so ernsthaft da mit der Hand am Schwert und blickten vor sich hin. Da kam es mir vor, als stehe ich in einer der verzauberten Städte, von denen ich als Kind von so manchem Märchen hatte erzählen hören; der Nebel von den Bergen, der rund um die Stadt lag, schien mir der magische Kreis zu sein, der außen herum gezogen war, und wenn dieser gesprengt würde, würde alles wieder zu seinem früheren Leben erwachen."

Wie Heine startete Andersen seine Fußreise durch den Harz in Goslar und wanderte, begleitet von Fremdenführern, durch das Ilsetal den Brocken hinauf. Doch zunächst ging es das Okertal entlang nach Ilsenburg. Im Okertal standen zu dieser Zeit viele Schmelzhütten – ein Bild, das Andersen stark beeindruckte:

„Nun wurde die Aussicht großartiger; das Okertal mit seinen Schmelzhütten lag um uns herum. Die schwarzen Rauchsäulen wirbelten in die Höhe und bildeten einen wunderbaren Kontrast gegen die blauweißen Nebel auf den Bergen. Im Innern der Hütten brannte das starke, rote Feuer, und das geschmolzene Metall lief wie Lava mit grünen und weißen Flammen in einer Rinne über den Boden hin [...] Der Eindruck blieb so lebendig in meiner Erinnerung, dass ich glaube, ihn hier auf das Papier niederhauchen zu können, wenn mir nur die, die das Bild betrachten, es selbst mit den bunten Farben der Phantasie illuminieren wollen."

Der Weg führte Andersen vorbei an der Ruine Harzburg, einer der vielen Gipfelburgen, die Heinrich IV. (ab 1084 Kaiser) zum Schutz der Pfalz in Goslar hatte errichten lassen, und er erreichte schließlich die Stadt Ilsenburg. Das gräfliche Schloss läge sehr hübsch, sähe aber schon etwas verfallen

Im Okertal

aus, berichtet Andersen in den „Schattenbildern". Aus den Mauern wüchsen überall Nesseln und schon mancher Steinbrocken sei in den Fluss herabgefallen. In Ilsenburg nahm sich der Dichter einen neuen Führer und beide brachen in „das schöne Ilsetal auf", so Andersen weiter, um sich gleich darauf wieder selbst zu korrigieren:

„‚Schön'? Wie wenig liegt doch in diesem toten Wort. Doch der Maler selbst kann ja nicht mit seinen lebendigen Farben die Natur in ihrer ganzen Größe wiedergeben, wie sollte es da der Dichter mit Worten können? Nein, könnten Töne lebendig werden, könnte man mit Tönen malen wie mit Tinte und Feder, dann würde man das Geistige darstellen können, das das Herz ergreift, wenn das lebendige Auge eine neue und wunderschöne Natur erblickt."

Andersen gelangte zum Ilsenstein, der dem Dichter wie eine „riesige Ruine", ein „kolossales Mauerwerk" erschien. Seinen Tagebucheintrag mit der Beschreibung des Felsens ergänzte er in den „Schattenbildern" mit einer von ihm selbst geschriebenen Fassung der Ilse-Sage:

Die Ilse in Ilsenburg

In diesem Ilsenstein lebt, so erzählt die Sage, die Prinzessin Ilse, die bei den ersten Strahlen der Morgensonne herauskommt und sich in dem klaren Flusse badet. Glücklich ist der, der sie hier findet, aber nur wenige haben sie gesehen, denn sie fürchtet den Blick der Menschen, obgleich sie gut und freundlich ist.

Westturm der Klosterkirche in Ilsenburg, deren Errichtung sich auf den Anfang des 11. Jahrhunderts datieren lässt.

Tourismus GmbH Ilsenburg

Marktplatz 1
38871 Ilsenburg (Harz)
Tel.: (03 94 52) 1 94 33
Fax: (03 94 52) 9 90 67
info@ilsenburg.de

Öffnungszeiten

Mo, Mi, Fr 9.00–16.00 Uhr,
Di, Do 9.00–18.00 Uhr,
Sa 9.00–13.00 Uhr

Internet

www.ilsenburg.de

Ilsenburg, Schloss Ilsenburg, Ilsenstein

Die im Jahre 995 erstmals als königliche Jagdpfalz erwähnte Stadt war einer der ersten Hüttenorte des Harzes, was durch das Hüttenmuseum und die bis heute produzierende Fürst Stolberg Hütte anschaulich dargestellt wird. Die Geschichte der Kleinstadt am Ausgang des Ilsetals ist eng mit den Grafen zu Stolberg und Wernigerode verbunden. Ab 1609 richtete Graf Heinrich einen herrschaftlichen Wohnsitz in dem aus dem 11. Jahrhundert stammenden ehemaligen Benediktinerkloster ein. Während des Dreißigjährigen Krieges verlegten die Grafen ihren ständigen Wohnsitz nach Ilsenburg. Die heutige Schlossanlage geht auf Graf Otto zurück. Er ließ den Barockbau zwischen 1861 und 1863 im Stil der Neoromanik umbauen. Das Schloss wird heute Stück für Stück restauriert. Eine weitere Spur der Familie findet sich auf dem Ilsenstein nahe der Stadt. Auf dem Gipfel, der sich etwa 150 Meter hoch über die Ilse erhebt, ließ Graf Anton 1814 ein gusseisernes Kreuz zur Erinnerung an seine Freunde und Bekannten, die in den Befreiungskriegen gegen Napoleon 1813 gefallen waren, errichten.

Als die Sintflut die Menschen von der Erde vertilgte, stiegen auch die Gewässer der Nordsee weit, weit nach Deutschland hinein an, und die schöne Ilse flüchtete sich mit ihrem Geliebten aus den nördlichen Ländern hierher nach dem Harz, wo der Brocken ihnen einen Zufluchtsort zu bieten schien. Endlich standen sie auf diesem ungeheuren Felsen, der über dem anschwellenden Meer hervorragte; die umherliegenden Länder waren von den Wogen bedeckt, Hütten, Menschen und Tiere waren verschwunden. Sie standen ganz allein, Arm in Arm, und sahen hinab auf die Wellen, die sich an dem Felsen brachen. Aber das Wasser stieg noch höher; vergebens suchten sie nach einem hervorragenden Felsen, über den sie zum Brocken hinaufgelangen konnten, der wie eine Insel im flutenden Meer dalag. Da bebte der Felsen unter ihnen, eine ungeheure Spalte öffnete sich und drohte, sie fortzureißen. Noch hielten sie einander an den Händen fest, die Seitenwände schwankten hin und her, sie stürzten beide hinab in die brausende Flut.

Von ihr bekam der Fluss den Namen Ilse und noch immer wohnt sie in dem Felsen mit ihrem Geliebten.

„Je höher wir kamen, desto unbedeutender wurde das Flussbett", schrieb Andersen in seinem veröffentlichten Reisebuch, in seinem Tagebucheintrag ergänzte er noch: „Die gute Prinzessin Ilse ist am dicksten an den Beinen, sie wird nach oben hin immer dünner und – wie bei vielen anderen Damen auch – fällt der Kopf zum Schluss überhaupt nicht mehr auf." Möglicherweise hatte sich hier wieder der alte Liebeskummer gemeldet, den Andersen mit ein wenig Sarkasmus zu verscheuchen suchte. Der ordentliche Schluck Madeira, mit dem sich Andersen nach dem Tagebucheintrag stärkte, tat sicherlich ein Übriges.

Es ging weiter den Brocken hinauf. Im dichten Wald lagen Köhlerhütten, „die alles in einen bläulichen Rauch

Harzköhlerei

Über viele Jahrhunderte hinweg wurden im Harz Erze abgebaut und verhüttet. Da es in dem norddeutschen Mittelgebirge keine natürlichen Kohlevorkommen gibt, nutzte man für die Verhüttung Holz, das man in den ausgedehnten Wäldern schlug und verkohlte. Das Handwerk des Verkohlens und die schwere Arbeit der Köhler lassen sich bis in das Mittelalter zurückverfolgen. Riesige Waldbestände wurden geplündert, um den immensen Holzkohlebedarf für die Eisen- und Hüttenwerke zu stillen. Keine andere historische Waldnutzungsart hat den Harz derart tiefgreifend verändert wie die Holzköhlerei. Die letzten Köhlereien des Harzes dienen heute nur noch zu Demonstrationszwecken. Sie bieten Interessierten Gelegenheit, die traditionsreiche Verkohlung des Holzes vor Ort kennenzulernen. Mehr Informationen dazu sind zu erhalten unter der Internetadresse www.harzkoehlerei.de des Harzer Höhlervereins e. V.

hüllten", was dem Ganzen „ein romantisches Gepräge" gab. Das „Gemälde, das die Seele wehmütig stimmte", inspirierte Andersen zu einem kleinen Gedicht.

Der Köhlerbube

Aus der Fichten dichter Mitte
Feuerroter Schimmer dringt,
Vor dem Meiler in der Hütte
Steht der Köhlerbub' und singt,
Bei des Feuers hellem Licht,
Rot und schwarz im Angesicht;
Und je mehr den Brand er schürt,
Stets die Glut noch größer wird.

Jener singt es wieder leise
Jenes alte Lied so schön:
„Jahr für Jahr auf selbe Weise
Immergrün die Fichten stehn,
So wie meine treue Lieb'
Grün, doch dunkelgrün stets blieb!"
Doch kein Trost sich zu ihm kehrt –
Stets die Glut sich nur vermehrt.

Stiftung Kloster Ilsenburg
Maria Fürstin
Stolberg-Wernigerode

Schlossstraße 26
38871 Ilsenburg
Tel.: (03 94 52) 8 01 55
Fax: (03 94 52) 8 01 55

Öffnungszeiten

Kloster:
April–Oktober
täglich 8.00–16.00 Uhr
November–März
Mo–Sa 10.00–14.30 Uhr

Öffnungszeiten

Klosterkirche:
April–September
täglich 10.00–16.00 Uhr
Oktober–März
Di–Sa 13.00–15.00 Uhr,
So/Mo/Feiertag Öffnungszeiten bei Stiftung erfragen

Eintrittspreise

keine, Spenden erwünscht

Internet

www.ilsenburg.de

Der Brocken

Blick auf den Brocken von Goslar aus

Als Andersen das Brockenhaus erreichte, war der Gipfel des „nordischen Hünengrabes“ in Nebel gehüllt. Doch „die wunderbare Stille“, die der Dichter bei seinem Aufstieg noch genossen hatte, war vorbei. Aus dem Brockenhaus, in dem sich mehr als 40 Reisende versammelt hatten, ertönte laute Musik. Die lärmende Gesellschaft rief Andersen zu sich, doch er zog sich bald in seine kleine Kammer zurück, die er mit einem Engländer teilte. Die Matratzen im Bett waren mit getrocknetem Tang aus Dänemark gefüllt und Andersen amüsierte sich darüber, dass er sich „also auf dänischem Boden ausruhen konnte, hoch oben im fremden Wolkenhimmel“.

Der warme Kachelofen und der heiße Punsch ließen – Ende Mai – winterliche Gefühle in ihm aufkommen. Und er musste wieder einmal an seine unerfüllte Liebe denken, die er in Dänemark zurückgelassen hatte. Im Ilsetal war ihm dazu ein kleiner Vers eingefallen, den er nun aufschrieb:

Hoch über der Wolke stehst Du hier,
Doch muss das Herz bekennen,
Du bist dem Himmel doch nie so nah,
Wie damals, als Du warst bei ihr!

Andersen konnte nicht schlafen. Gegen Mitternacht ließ der Lärm im Haus allmählich nach, er trat noch einmal vor die Tür, um die Aussicht zu genießen – und war tief bewegt. Die

Der Brocken aus der Luft

Eindrücke, die er in den „Schattenbildern“ veröffentlichte, gehören wohl zu den schönsten Schilderungen, die jemals über den Brocken zu Papier gebracht worden sind:

„Wer einmal im Traum über die Erde hin geflogen ist und Länder, Städte und Wälder tief unter sich gesehen hat, der kann sich eine entfernte Idee von der unbegreiflichen Herrlichkeit machen. Pechschwarz lagen die mit Fichten bewachsenen Berge unter mir, weiße Wolken, vom Mond beschienen, fuhren wie Geister an den Bergen vorüber! Da gab es keine Grenzen, das Auge verlor sich in einer Unendlichkeit [...] Es war eine Traumwelt der Phantasie, die hier lebendig vor mir lag [...] Die Nebel stiegen höher und höher zwischen den schwarzen Bergen, die Wolken formten sich in wunderbare Gestalten. Dort, dachte ich, dort in diesem weiten Umkreis wächst die Zauberblume, die ‚Glücksblume‘ der Harzbewohner, die manches kindliche Herz noch in frommer Einfalt sucht.“

Blick auf den Brocken von Ilsenburg aus

Er selbst trage diese „Zauberblume“ in seinem Herzen, es sei die Blume der Phantasie, die sich dort immer mehr entfalte und ihn eine größere Natur hören und sehen ließe, schwärmte Andersen weiter und bezog sich damit offensichtlich auf die „Blaue Blume“, seit Novalis’ Romanfragment „Heinrich von Ofterdingen“ das Symbol der romantischen Poesie und der Sehnsucht nach dem Wunderbaren, dem Unerreichbaren und Unendlichen. Als hätte sich diese Blume

„Urwald“ am Brocken

in dieser Nacht gerade voll in seinem Herzen entfaltet, beschreibt Andersen in den folgenden Passagen seiner Reiseschilderungen eine Traumphantasie, in der Prinzessin Ilse, Kaiser Friedrich Barbarossa, kriegerische Heere und verwachsene Gespenster auf Besenstielen und Feuerschaufeln an ihm vorüberziehen. Doch schon im folgenden Absatz entwirft er eine düstere Vision über die Möglichkeit, als Dichter zu scheitern. „Es waren Leute mit Schwert und Lanze, mit Tinte und Feder und Orden auf den hübschen Kleidern; sie lachten mich aus und sagten: ‚Du wagst es nicht zu sagen, wen du hier siehst, kleiner Dichterling, nimm dich in acht! Das Brot wächst nicht auf den Bäumen, halt dich fest, damit du nicht fällst – hei!".

Am nächsten Morgen waren die Schatten der Nacht verschwunden. Andersen und die anderen Gäste des Brockenhauses traten vor die Tür, um sich den Sonnenaufgang anzusehen. Und wieder kam Andersen ins Schwärmen:

„Es war, als ob wir auf einer Insel ständen, denn die Wolken lagen tief unter uns, so weit wir sehen konnten, wie ein ungeheures, anschwellendes Meer, das sich mit einem Mal nicht mehr bewegen konnte [...] Bald wurde alles immer klarer und klarer [...] Einen so herrlichen Morgen hatte man in diesem Jahr noch nicht auf dem Brocken gehabt. Wir sahen deutlich Magdeburg mit seinen Türmen, Halberstadt und Quedlinburg, die Türme der großen Domkirche zu Erfurt [...]"

Zusammen mit einer Familie aus Hamburg verließ Andersen den Brockengipfel und machte sich auf den Weg zur Bau-

Ein besonderes Erlebnis ist die Fahrt mit der Brockenbahn.

mannshöhle. Der sonnige Frühsommertag, der Duft der Blumen, der Gesang der Vögel und die „prächtige Landschaft“ verscheuchten die Gedanken der Nacht und versetzten Andersen in Hochstimmung. Er fühlte sich frei, seine Gedanken schweiften hinaus in die „große herrliche Welt“. Diese Welt besäße „schönere Blumen, als die, die hier wachsen: die Blumen der Aufklärung, und einen mächtigeren Gesang, als den der Vögel hier auf den Zweigen: den Morgengesang der Freiheit“, schrieb Andersen in sein Reisetagebuch. Ihm kam Polen in den Sinn, „das arme Polen“, das 1831 zwischen Russland, Preußen und Österreich aufgeteilt worden war und keine nationale Souveränität mehr besaß, und er machte sich Gedanken darüber, ob er nicht ein Lied für das Volk mit dem Titel „Ohne Vaterland“ dichten sollte. Doch ein „wunderlicher Anfall von gediegener Vernunft“ beendete Andersens gedanklichen Ausflug in die Politik, den er aus politischer Rücksichtnahme nicht in sein veröffentlichtes Reisebuch „Schattenbilder“ übernommen hat.

Der Gedenkstein für Heinrich Heine auf dem Brocken erinnert an Heines Harzwanderung und Brockenbesteigung im Jahr 1824.

Baumannshöhle

Auch beim Besuch der Baumannshöhle in Rübeland wandelte Andersen auf den Spuren Heinrich Heines, der sich auf seiner Harzreise 1824 die älteste Schauhöhle der Welt – bereits seit 1646 finden dort Führungen statt – angeschaut hatte wie schon einige Jahrzehnte zuvor Johann Wolfgang von Goethe. Der Name Rübeland sei vom Wort „Räuberland" abgeleitet, die Baumannshöhle nach ihrem Entdecker, dem Bergmann Baumann, benannt, erklärt Andersen den Lesern und lässt eine Kurzfassung der Sage um die Entdeckung der Höhle folgen:

„Es war ein Bergmann namens Baumann, der die Höhle im Jahre 1670 zum ersten Mal betrat, um nach Erz zu suchen. Er fand keines und wollte nun umkehren, konnte aber den Ausgang nicht finden. Zwei Tage und zwei Nächte kroch er umher, ehe er ihn fand, war aber dann an Körper und Seele so abgemattet, so von der Angst und dem Hunger angegriffen, dass er kurz darauf starb, nachdem er noch so viel Zeit gehabt hatte, auf die innere wunderbare Struktur der Höhle aufmerksam zu machen."

Das Schicksal und die Gefühle des „unglücklichen Baumann" hätten ihn in diesem Labyrinth von Höhlen und Gängen „leb-

haft durchschauert“, und er habe fühlen können, wie diesem zumute gewesen sein musste, schrieb der Dichter weiter.

Ähnlich wie beim Besuch des Bergwerkes „Rammelsberg“ wird auch bei der Beschreibung der Baumannshöhle der Widerspruch deutlich zwischen der Untertage-Romantik Andersens und dem klaren Blick für die Struktur der Höhle und für die möglichen Gefahren, die den Besuchern drohen könnten. Die Höhle sei eine „versteinerte Phantasiewelt, in der eine wunderliche Ungewissheit“ herrsche und deren Stalaktiten ihm vorkämen wie „bedeutungsvolle Hieroglyphen [...], die den Schlüssel zu den größten Heimlichkeiten der Natur verbargen“, schrieb der Dichter und lieferte eine genaue Beschreibung der Höhle mit ihren verschiedenen großen und kleinen Abteilungen und den herabhängenden Kalkmassen. Und zu den Gefahren des Höhlenbesuchs notierte er mit viel Distanz:

„Wie doch der Mensch im Grunde einseitig ist, in des Wortes eigentlicher Bedeutung! Wir sehen täglich den größten Abgrund über uns und einen meilenweit um uns herum, aber keiner von diesen flößt uns Furcht ein. Dagegen macht uns der weit geringere, wenn er abwärts geht, schwindeln. Abwärts, das ist eine Seite, vor der wir allen Respekt haben, und doch müssen wir alle abwärts, da erst finden wir Ruhe und Rast.“

Sogar mit einer kleinen Prise Ironie würzte Andersen die Beschreibung seines Höhlenbesuchs. Über einen mitreisenden Archäologen, der in der Höhle einen Tierknochen gefunden hatte und versicherte, dass dieser ein Überbleibsel aus längst vergangenen Zeiten wäre, schrieb er sehr amüsiert: „Ich hatte nichts dagegen, denn er sah ganz natürlich wie ein Knochen von einer Kuh aus, und die Kühe sind von altem Geschlecht.“ Trotzdem war Andersen schließlich froh, als er die Höhle wieder verlassen konnte und die „wunderlichen, unförmigen Schreckensbilder“ hinter ihm lagen.

In Begleitung des Archäologen wanderte Andersen nach Blankenburg. „Der sehr gutmütige Mensch, dessen Lebensglück an einer alten Münze hing“, versuchte den Dichter dazu zu überreden, mit nach Quedlinburg zu kommen, und berichtete ihm von allerlei „Merkwürdigkeiten“, die dort zu sehen seien, wie einer der sechs Krüge, in denen Christus Wasser in Wein verwandelt, ein Stück von dem Finger, mit dem Johannes auf Christus hingewiesen hatte, eine Flasche mit der Milch der Mutter Maria, Erde von Golgatha, Holz vom Kreuz Christi und, was Andersens besonders bemerkenswert fand, der Kamm, mit dem sich Heinrich der Vogler den Bart gekämmt hatte. Doch Andersen lehnte ab: „Aber alle diese Herrlichkeiten führten mich nicht in Versuchung; mein Verlangen war auf die große Natur gerichtet.“

Baumannshöhle

Blankenburger Straße 36
38889 Elbingerode Höhlenort
Rübeland
Tel.: (03 94 54) 4 91 32
info@harzer-hoehlen.de

Öffnungszeiten

Juli–August
täglich 9.00–17.30 Uhr
September–Oktober
täglich 9.00–16.00 Uhr
Februar–Juni
täglich 9.00–16.30 Uhr

Eintrittspreise

Erwachsene 7,– EUR,
Kinder 4,50 EUR (bis 16 Jahre)

Führungen

halbstündlich,
Gruppen ab 20 Personen nur mit Voranmeldung

Internet

www.harzer-hoehlen.de

Blankenburg

„Die Stadt Blankenburg [lag] mit ihren roten Dächern zwischen Wäldern und den grünen Gärten wie Kirschen auf einem Kohlblatt“, schrieb Andersen über die Aussicht, die sich ihm von der Terrasse des Blankenburger Schlosses aus auf die Stadt bot. Zusammen mit fünf Theologiestudenten, die er auf dem Brocken kennengelernt hatte, war er gleich nach seiner Ankunft in Blankenburg zum Schloss geeilt, von dem er offenbar schon viel gehört oder gelesen hatte:

„Das Schloss soll 215 Zimmer haben, und alle dekoriert und möbliert im ältesten Stil, einen großen Bibliothekssaal ohne Bücher und einige Gemälde, darunter auch ein Porträt der ‚Weißen Dame'“, berichtet Andersen in seinem Reisebuch. Doch er war enttäuscht, denn mit dieser „hübschen Aussicht“ von der Terrasse des Schlosses musste sich der Dichter begnügen, das Schloss selbst war wegen Renovierung geschlossen. Die drei Männer versuchten, in den Innenhof zu gelangen, doch vergeblich.

Zufrieden war Andersen dagegen mit dem Gasthof, in dem er ein Zimmer mit einer „malerischen Aussicht“ bekam. Am Tor hatte er nach den Namen der besten Gasthöfe der Stadt gefragt. Man nannte ihm den Gasthof „Weißer Adler“, der damals in der Langen Straße lag. Doch schon am nächsten Morgen ging es bereits in aller Frühe – „die Brockensträuße saßen noch ganz frisch auf [den] Mützen“ – weiter in Richtung Burgruine Regenstein.

Tourist-und Kurinformation
Markt 3
38889 Blankenburg
Tel.: (0 39 44) 28 98
Fax: (0 39 44) 6 31 02
touristinfo@blankenburg.de

Öffnungszeiten
Mai–Oktober
Mo–Fr 9.00–18.00 Uhr,
Sa 10.00–15.00 Uhr,
So/Feiertag 10.00–14.00 Uhr
November–April
Mo–Fr 9.00–17.00 Uhr

Internet
www.blankenburg.de

Schloss Blankenburg
Museum Kleines Schloss
Schnappelberg 6
38889 Blankenburg
Tel.: (0 39 44) 26 58
Fax: (0 39 44) 26 58
info@museum-kleines-schloss.de

Öffnungszeiten
Di–Sa 10.00–17.00 Uhr,
So 14.00–17.00 Uhr

Internet
www.rettung-schloss-blankenburg.de

Schloss Blankenburg
Großes Schloss
38889 Blankenburg (Harz)
Tel.: (0 39 44) 36 83 75
Fax: (0 39 44) 36 83 75

Öffnungszeiten
Januar
Sa 14.00–16.00 Uhr
Februar–Dezember
Die–Sa 10.00–16.00 Uhr

Führungen
März–Dezember
Sa 14.00–16.00 Uhr und
nach Voranmeldung
fuehrungen@rettung-schloss-blankenburg.de

Eintrittspreise
Erwachsene 2,– EUR,
unter 16 Jahren Eintritt frei

Als Ausdruck höfischer Repräsentanz der Braunschweiger Herzöge dienten das „Kleine Schloss“ und die Lustgartenanlage, deren barocke Grundstruktur bis heute erhalten ist.

Wie „Kirschen auf einem Kohlblatt“ sähe Blankenburg von oben aus, fand Andersen.

S. 96: Weithin sichtbar thront das „Große Schloss“ auf dem mehr als 300 Meter hohen „Blanken Stein“. Über mehrere Jahrhunderte hinweg wurden von dort aus die Geschicke der gesamten Region gelenkt.

S. 97: Überhaupt nicht beeindruckt zeigt sich der Hund vom Braunschweiger Löwen in der Lustgartenanlage vor dem „Kleinen Schloss“.

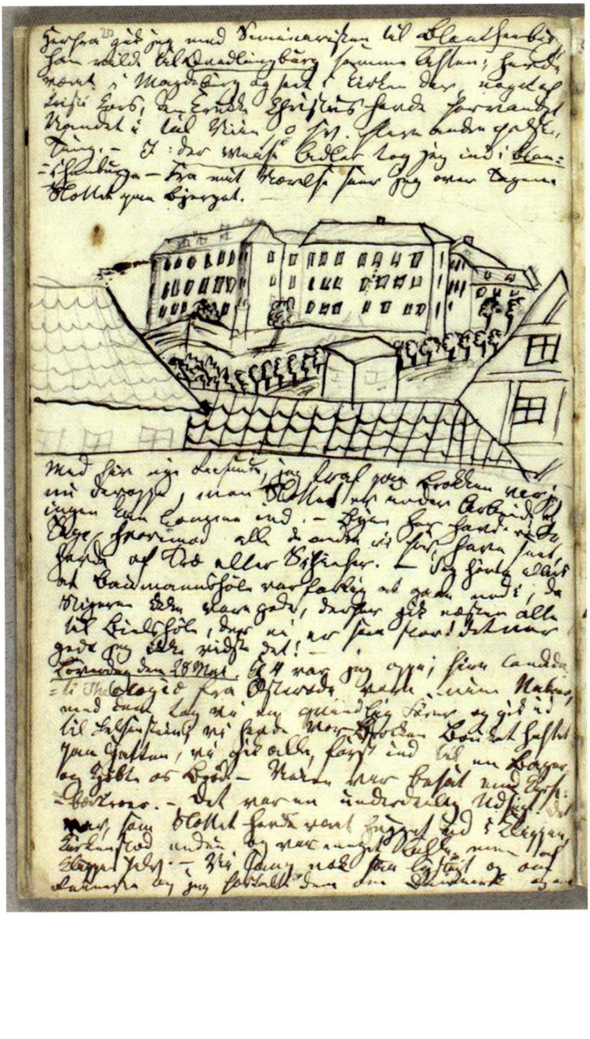

Das „Große Schloss“ in Blankenburg, gezeichnet von Hans Christian Andersen 1831; Quelle: Det Kongelige Bibliotek

Schloss Blankenburg

Das „Große Schloss“, das Wahrzeichen der Stadt Blankenburg, ist aus mittelalterlichen Burgresten und Schlossgebäuden aus der Renaissancezeit hervorgegangen. Die heutige barocke Schlossanlage mit europäischer Repräsentationsarchitektur für die damalige welfische Fürstenresidenz Blankenburg entstand in den Jahren nach 1705. Die Barockarchitektur ist bis heute weitgehend erhalten. Sehenswerte Räume des Schlosses sind der Ahnen- und der Theatersaal, die Kirche und die Bibliothek. Seit 1992 steht das Schloss leer, was zu einem teilweisen Verfall der Bausubstanz geführt hat. Durch die kürzlich begonnenen Sanierungsarbeiten ist es heute möglich, Teile des Schlosses wieder zu besichtigen. Vom „Großen Schloss“ erstreckt sich ein barocker Terrassengarten zum „Kleinen Schloss“, einem ehemaligen fürstlichen Gartenhaus, in dem heute ein Museum untergebracht ist.

Burgruine Regenstein

Ausgrabungen haben ergeben, dass die gemauerte mittelalterliche Burg bereits um 1100 bestanden hat. Sie war Stammsitz der Grafen von Regenstein, die im 13. und 14. Jahrhundert als die mächtigsten Herrscher des Nordharzes galten. Als das Grafengeschlecht um 1500 die Burg verließ und auf die Blankenburg zog, begann der Verfall der Burg Regenstein. 1662 wurde sie von brandenburgisch-preußischen Truppen besetzt und zur Festung ausgebaut, jedoch 1758 wieder zerstört. Zum ältesten Teil der Burg gehören die in den Fels gehauenen Höhlen, vom mittelalterlichen gemauerten Teil ist nur noch der Bergfried erhalten.

rechts: Andersen war erstaunt von der Größe der Burgruine Regenstein. Sie sähe aus wie eine „mächtige Riesenmumie".

Burgruine Regenstein

In Begleitung einer Blankenburger Fremdenführerin erreichten die sechs Reisenden die „mächtige Riesen-Mumie", die Burgruine Regenstein. Für Andersen war jede Ruine „ein Heldengedicht, das uns in der Zeit zu anderen Menschen, anderen Sitten und Gebräuchen zurückversetzt; je höher das Gras in den Rittersälen wächst, je langsamer die Flut über die umgestürzten Pfeiler dahingleitet, desto mehr Poesie findet das Herz in diesem Steinepos", schwärmte der Dichter in den „Schattenbildern", und ist hier wieder ganz Romantiker.

Die Ruine ist ähnlich wie das Bergwerk oder die Höhle eines der zentralen Motive der Romantik; „als in Wandlung begriffene Form in einem Zustand zwischen Unversehrtheit und totaler Zerstörung stehend, bringt die Ruine das Schweben und die Unerfüllbarkeit der Sehnsucht zum Ausdruck, die die romantische Kunst sich in einem ‚Zwischenreich' der Einbildungskraft entfalten lässt" (Siegmund, S. 125). Auch die Pflanzen, die die Ruine überwuchern, haben für die Romantiker eine Bedeutung: Die Gräser und Moose, die aus den Relikten einer längst vergangenen Zeit erwachsen, unterstützen als Symbol für das neue Leben die romantische Verzauberung.

Von der Größe des alten Bergschlosses war Andersen so überwältigt, dass er es in einer Zeichnung festhielt:

Weithin sichtbar steht auf einem hohen Felsen die Ruine der Burg Regenstein.

Die Burgruine Regenstein, gezeichnet von Hans Christian Andersen 1831 (am unteren Rand der Seite eine Zeichnung der Umrisse der Teufelsmauer); Quelle: Det Kongelige Bibliotek

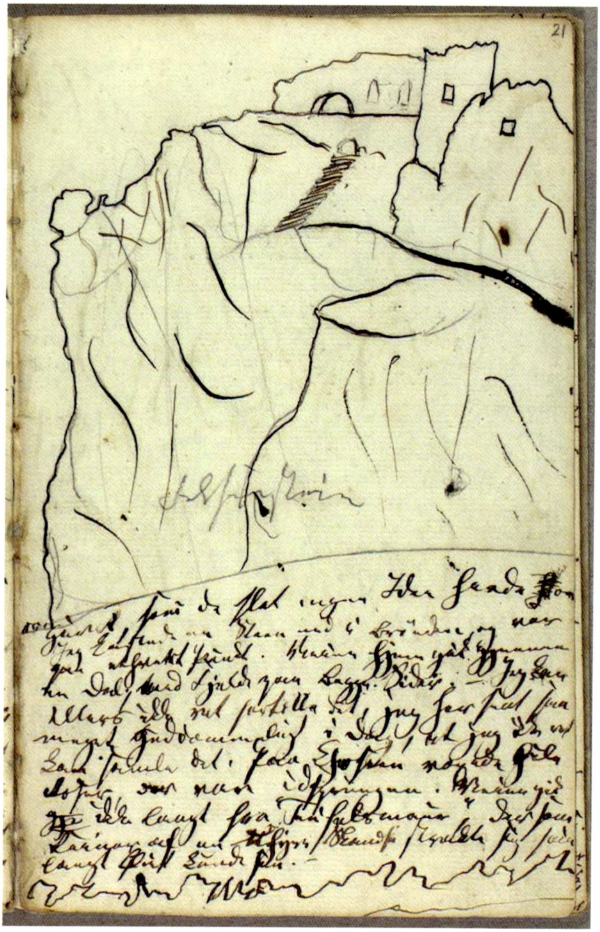

rechte Seite unten: Die Burg wurde fast vollständig aus dem Fels gehauen. Dadurch entstanden viele künstliche, zum Teil miteinander verbundene Höhlen.

Ein imposanter Ausblick in das gesamte Umland bietet sich von der Burgruine aus.

Burg und Festung Regenstein

38889 Blankenburg
Tel.: (0 39 44) 6 12 90
Fax: (0 39 44) 6 31 02

Öffnungszeiten

April–Oktober
täglich 10.00–18.00 Uhr
November–März
Mi–So 10.00–16.00 Uhr,
bei schlechter Witterung geschlossen

Eintrittspreise

Erwachsene 2,– EUR,
ermäßigt 1,30 EUR,
ermäßigt Kurkarte,
Erwachsene 2,10 EUR,
Kinder 1,– EUR

Führungen

nach Voranmeldung
Tourist- und Kurinformation
Markt 3
38889 Blankenburg
Tel.: (0 39 44) 28 98
Fax: (0 39 44) 6 31 02
touristinfo@blankenburg.de

Internet

www.blankenburg.de

„Es war für mich so beeindruckend, so groß, dass ich mir selbst darüber nicht bewusst war, bevor sich mein Bleistift in der Hand bewegte und das kolossale Bild in das Tagebuch zeichnete; ich wurde zu einem Zeichner, ohne jemals eine einzige Stunde Unterricht bekommen zu haben."

Die sehr genaue Zeichnung ergänzte Andersen durch eine ebenso präzise Beschreibung der Burgruine:

„Die Kirche, die in den Felsen gehauen ist, wölbt sich noch ebenso fest, den Jahrhunderten trotzend, aber sie ist nur eine große Höhle, ohne Form; die Gemächer, die zu Schlafstellen gedient haben, sind nur Vertiefungen im Felsen, wo die große Steinmasse über den Häuptern schwebt [...] Der Regenstein selbst mit seinen engen Gemächern, eingestürzten Brunnen und Treppen, die nur aus der freien Luft in das helle Element führten, erhielt, wie ein Bild für sich, einen eigenen Platz in dem Pantheon meines Gedächnisses."

Und auch bei dieser Beschreibung zeigt sich: Trotz der romantischen Schwärmerei und der Faszination, die die Größe der Burgruine bei Andersen auslöste, hielt der Dichter mit klarem Blick fest, was er sah.

Vom gemauerten Teil der Burg ist nur noch der Bergfried erhalten.

Teufelsmauer, Bodetal und Rosstrappe

Nächste Station war die Rosstrappe, „eine der romantischsten Gegenden des Harzes“, wie Andersen schrieb. Doch zunächst kam der Dichter, immer noch in Begleitung der fünf Theologiestudenten, an der Teufelsmauer vorbei. Mit einer kleinen Zeichnung hielt er den „wunderbar geformten Erdrücken, der wie die Überbleibsel einer ungeheuren Schanze aussieht“, in seinem Tagebuch fest. In den „Schattenbildern“ ergänzte er seine Notizen noch mit der Sage von der Teufelsmauer, „welche der Teufel damals errichtete, als er sich mit unserem Herrgott um die Herrschaft auf der Erde stritt:

Die Sage erzählt, dass der Teufel nicht damit zufrieden gewesen sei, die Herrschaft über die halbe Erde erhalten zu haben, dass er deswegen den Streit erneuert und nun auch seinen früheren Teil verloren habe, und dass seine stolze Schanze nun niedergerissen worden sei. Andere erzählen, dass sie böse Geister errichteten, als eine Mauer gegen die Lehre Christi, damit diese sich nicht weiter verbreiten sollte; aber die Steine brachen zusammen vor dem lebendigen Wort.“

Das Bodetal, an dessen Ausgang sich die Rosstrappe, ein markanter Granitfelsen, befindet. Die Rosstrappe sei eine der romantischsten Gegenden des Harzes, meinte Hans Christian Andersen.

Als einen „wunderbar geformten Erdrücken, der wie die Überbleibsel einer ungeheuren Schanze aussieht“, beschrieb Andersen die Teufelsmauer.

Andersen und seine studentischen Begleiter kamen nun in einen grünen Laubwald, in dem die Nachtigallen sangen. Nie habe er so viele Nachtigallen gehört wie dort, schrieb der Dichter und ließ eine kleine Betrachtung über deren Gesang folgen:

„Gott mag wissen, wie die Leute auf den Einfall gekommen sind, dass in diesem Gesang etwas Klagendes, etwas Sehnsüchtiges liege; nein, nichts weniger als das! Die Nachtigall hat gerade italienische Manieren; das meiste sind Triller

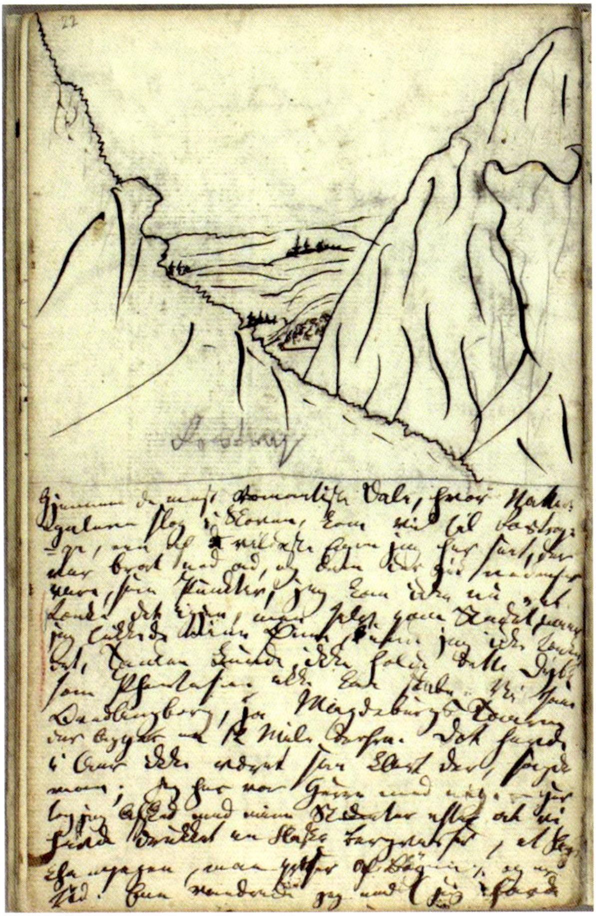

Das Bodetal, gezeichnet von Hans Christian Andersen 1831; Quelle: Det Kongelige Bibliotek

linke Seite: Das Tal der Bode. Eine Wanderung durch dieses Felsental zählt zu den Höhepunkten eines jeden Harzbesuches.

und Läufer; sie klagt gar nicht, sie singt Bravour-Arien aus vollem Halse." Wie allgemein bekannt fasste Andersen seine Begeisterung für den sangesfreudigen Vogel im Märchen „Die Nachtigall".

Die sechs Männer erreichten das herrliche Bodetal und stiegen zur Rosstrappe hinauf, dem „wildesten und romantischsten Punkt im ganzen Harz". Dort trennten sie sich von ihrer Führerin und bekamen einen Führer, der von seinem kleinen Sohn begleitet wurde und offenbar an seiner Arbeit viel Spaß hatte, denn er beschränkte sich nicht nur darauf, den Wanderern den Weg zu zeigen, sondern er hatte auch ein kleines Programm für sie zusammengestellt. Mit einer Pistole, die er zwischen den Felswänden abfeuerte, demonstrierte er den Reisenden das Echo im Tal und erzählte ihnen die Sage von den beiden Riesen Emma und Bodo und der Entstehung der hufeisenförmigen Vertiefung im Felsen.

Während der Führer erzählte, schöpfte dessen Sohn mit der hohlen Hand Regenwasser aus dem Hufeisen, um es zu trinken. Diese kleine Begebenheit nahm Andersen in seinen „Schattenbildern" zum Anlass, eine Betrachtung über die Phantasie anzustellen:

„Die Phantasie zeigte dem Kind gewiss klarer als uns die Sage von der flüchtenden Prinzessin, der wunderschönen Emma vom Riesengebirge [...] Alle diese Träume der Phantasie werden verduften, der Kleine wird auch einmal, wie sein Vater, ruhig dastehen und sein Pistol abfeuern, und vielleicht höchstens berechnen, wie groß diesmal die Einnahme von der Reisegesellschaft sein kann. Aber Träume sind ja Blumen! Es gibt böse und gute! Blumen müssen verduften, allein auf dem alten Stengel wachsen wieder neue! Vor der neuen Kinderschar wird auch wieder die Prinzessin mit der goldenen Krone und dem fliegenden Gewande vorbeijagen."

Andersen trennte sich von seinen studentischen Begleitern und zog „weiter vorwärts in die große, schöne Welt". In einem Wirtshaus traf er erneut auf eine Gruppe von Studenten, die so viel Lärm veranstalteten, als habe „ein feindliches Heer [...] Quartier gemacht". Die Studenten erzählten Andersen, dass sie zu Fuß aus Jena gekommen seien und nun den Brocken besteigen wollten. Es waren Burschenschaftler, die vollständige Tracht trugen und sich einen grünen Eichenkranz um den Kopf gewunden hatten. Stolz berichteten sie

Die Bode hat viele Gesichter: An einigen Stellen ist sie reißender Bergbach, an anderen dahinplätscherndes Bächlein.

Die Teufelsmauer bei Thale

Andersen, dass sie die Farben des radikalen Jenaer Burschenschaftlers Karl Ludwig Sand trügen, der 1819 den deutschen Schriftsteller und Diplomaten August von Kotzebue erschossen hatte und ein Jahr später dafür hingerichtet wurde. Das sei ein herrlicher Mensch gewesen, schwärmten die jungen Männer und fragten Andersen, ob es denn auch in Dänemark Burschenschaften gäbe. Andersen verneinte.

Ein Kommentar zu dieser Begebenheit steht weder in seinen Tagebüchern noch im veröffentlichten Reisebericht. Die Politik war nicht Andersens Sache. 1831 gärte es in den meisten deutschen Staaten, die politische Elite, beflügelt von der Juli-Revolution 1830 in Frankreich, übte scharfe Kritik an der Restaurationspolitik Metternichs und die Burschenschaften kämpften gegen den Polizeistaat. Doch von all diesen Vorgängen findet sich nur wenig in den Reisebeschreibungen Andersens. Der dänische Dichter verabscheute die Politik. In einem auf deutsch verfassten Brief an den Erbgroßherzog von Weimar, in dem sich Andersen zum deutsch-dänischen Krieg 1848 um die Unabhängigkeit des Herzogtums Schleswig-Holstein von der dänischen Krone äußert, schrieb er: „Doch, ich wollte nicht über Politik sprechen, sie stand mir immer als ein fremder, ferner Wolke, aber jetzt hat sie sich über ganz Europa ausgedehnt, dessen scharfe Nebel alle Glieder durchdringt, man atmet nur Politik." (zit. in: J. Andersen, S. 519) In seiner Andersen-Biografie schreibt Jens Andersen über den Dichter, dass dieser die erstaunliche Fähigkeit gehabt habe, „die größten Revolutionen und sozialen Umwälzungen zu vergessen und nur wahrzunehmen, was ihn unmittelbar umgab" (J. Andersen, S. 521).

An der Rosstrappe

Ruine der Lauenburg bei Stecklenberg

Die über 1000-jährige Kirche St. Cyriakus in Gernrode ist eine der ältesten Kirchen Nordeuropas und eines der bedeutendsten Zeugnisse ottonischer Architektur in Deutschland. Im Inneren der Kirche ist der Nachbau des Heiligen Grabes (um 1180) besonders sehenswert.

Geschmückt mit einem Eichenkranz, den ihm einer der Jenaer Burschenschaftler zum Abschied geschenkt und an der Mütze befestigt hatte, wanderte Andersen nach Gernrode. Unterwegs traf er eine reisende Harfenistin, die dem Dichter den richtigen Weg wies und ihm zum Abschied noch ein kleines Ständchen brachte. „Dann trennten wir uns, sie mit der Harfe auf dem Rücken und ich mit der Harfe im Herzen, beide mit der Absicht, der Welt etwas vorzusingen", schrieb Andersen.

Oberhalb des Ortes Stecklenberg kam er nun an der Ruine der Lauenburg vorbei, eine der ehemals größten und stärksten Burgen des Harzes, die in der zweiten Hälfte des 11. Jahrhunderts als Reichsburg entstand, und erreichte schließlich Gernrode. Der Ort sei klein und still, und es sei ihm kein Mensch auf der Straße begegnet. Nur aus einem kleinen Haus hörte Andersen eine weibliche Stimme, die „ein hübsches Lied von der Liebe" sang. Doch das Mädchen erschien nicht am geöffneten Fenster. Weil Andersen ihr aber für den Gesang danken wollte, nahm er seinen Eichenkranz von der Mütze und legte ihn auf die Türschwelle des Hauses. Dann wanderte er aus der Stadt hinaus.

Gernrode

Die Stadt Gernrode entstand aus der Burg des Markgrafen Gero und dem Damenstift St. Cyriakus, das der Markgraf 961 auf dem Gelände seiner Burg gründete. Wenige Jahre später wurde die Stiftskirche fertiggestellt und dem heiligen Cyriakus, dessen Reliquie der Markgraf nach Gernrode gebracht hatte, geweiht. Mit dem Erzbergbau begann die wirtschaftliche Blüte der Stadt. Bereits im 13. Jahrhundert wurde zunächst Blei, später auch Kobalt, Silber, Kupfer und sogar Gold abgebaut. Sehenswert ist vor allem die Stiftskirche St. Cyriakus, eine der ältesten Kirchen Nordeuropas und eines der wichtigsten Denkmäler der deutschen Romanik, mit dem Nachbau des Heiligen Grabes (um 1080 bis spätestens 1130). Sie ist eines der herausragendten Objekte an der beliebten sachsen-anhaltischen Tourismusroute „Straße der Romanik" (www.romanikstrasse.de).

Als Andersen den Ort Mägdesprung erreichte, ging die Sonne bereits unter. Er hatte sich mit zwei Schülern aus Berlin und Magdeburg zusammengetan und nun brach die Dämmerung über sie herein. Bald sahen die Wanderer das schwarze, eiserne Kreuz auf dem Felsen der Mägdetrappe, „dort, wo das Mädchen, verfolgt von Fürsten, herunter gesprungen war, um seine Ehre zu retten", schrieb Andersen in sein Tagebuch. In den „Schattenbildern" gibt er jedoch auch die Fassung der Sage wieder, so wie sie die Brüder Grimm niedergeschrieben haben. Allerdings fasst Andersen diese nur kurz zusammen, wobei er wiederum die Erzählperspektive wechselt und einen gewissen Ottomar die Geschichte von den beiden Riesenmädchen berichten lässt. Das Ganze sei zwar nur eine „Dorfphantasie" und er selbst ein „großer, vernünftiger und konfirmierter Mensch", jedoch habe er sich diesen Ort näher betrachten müssen, „der jeden tief ergreift, der die große Natur liebt".

Der Sockel des früheren eisernen Obelisken für Friedrich Albrecht, Fürst zu Anhalt. Andersen schrieb einst seinen Namen darauf.

Mägdesprung

Der ehemalige Hüttenort Mägdesprung liegt am Eingang des Selketals und wird deshalb gern als Ausgangspunkt für Wanderungen durch das Tal genommen. Mit der Errichtung einer Eisenhütte 1646 durch Fürst Friedrich von Anhalt-Harzgerode wurde die Grundlage gelegt für eine Produktion von Kunstgusserzeugnissen, die mit dem Obelisken oder der Gussplastik „Der besiegte Hirsch" von Johann Heinrich Kureck den Ort europaweit berühmt machte. Der früher 18 Meter hohe Obelisk wurde 1978 zwar zum Teil abgetragen, gehört jedoch noch ebenso wie die Kureck-Plastik und das Industriemuseum „Carlswerk" zu den Sehenswürdigkeiten der Stadt. Seinen Namen hat Mägdesprung durch einen Felsen, dessen Vertiefungen im Gestein Ähnlichkeit mit Fußabdrücken eines Menschen haben. Das eiserne Kreuz auf dem Felsen wurde zum Gedenken an Herzog Alexius Friedrich Christian von Anhalt-Bernburg nach seinem Tod von seinen Kindern errichtet.

Das eiserne Kreuz auf dem Felsen der Mägdetrappe

Der Mägdesprung

Zwei Riesenmädchen [spielten] hier auf der steilen Felswand [...]; die eine hüpfte über den großen Abhang weg, wo jetzt der Weg geht, aber die andere fand den Sprung doch etwas bedenklich; sie zögerte erst ein wenig, sprang dann aber doch zu, sodass ein Abdruck ihres Fußes im Stein blieb. Ein Bauer, der unten pflügte, sah dies und lachte über die große Dame, weswegen sie ihn mit seinem Pflug und seinen Ochsen in ihre Schürze nahm und ihn mit nach Hause in die Berge brachte.

Tourist-Information Gernrode

06507 Gernrode
Tel.: (03 94 85) 3 54
kontakt@gernrode.de

Öffnungszeiten

Mo–Fr 10.00–16.00 Uhr

Internet

www.gernrode.de

Andersen und seine Begleiter stiegen zum eisernen Obelisken hinauf, der 1812 von Herzog Alexius in Erinnerung an seinen Vater, Fürst Friedrich Albrecht von Bernburg-Anhalt, errichtet worden war. Mit Bleistift schrieben sie ihre Namen auf das Denkmal. Bald würden Regen und Schnee diese bleistiftene Unsterblichkeit auslöschen und ein neues Geschlecht würde seinen Namen wieder dahin schreiben, bis endlich auch der Obelisk selbst von der Zeit ausgelöscht würde, kommentierte Andersen den Gedanken, unsterblich zu werden – ein Gedanke, der „auf oft recht kindische Weise aus der armen Menschenbrust hervorleuchtet".

Die Gussplastik „Der besiegte Hirsch" in Mägdesprung

Alexisbad und Harzgerode

Der dänische Wanderer und die beiden Schüler erreichten Alexisbad. Elf Jahre zuvor war Alexisbad von Herzog Alexius von Anhalt-Bernburg gegründet worden. Wegen seines jod-, fluor- und eisenhaltigen Wassers, das aus mehreren Stollen austritt, hatte sich der Ort schnell zu einem populären Kur- und Erholungsort entwickelt, den viele prominente Gäste aufsuchten, so zum Beispiel Carl Maria von Weber, der Komponist der Oper „Der Freischütz".

Stadtinformation Harzgerode

Marktplatz 2
06493 Harzgerode
Tel.: (03 94 84) 3 24 21
stadtinfo@harzgerode.de

Internet

www.harzgerode.de

Das ehemalige Teehaus der Herzogin Friederike von Anhalt, der Schwiegertochter von Fürst Alexius, ist heute eine Andachtsstätte, in der Konzerte und Gottesdienste stattfinden.

In Alexisbad waren noch keine Gäste angekommen, als Andersen dort eintraf. Erst im Sommer würden sie sich dort einfinden, schrieb der Dichter. In einem tempelförmigen Gebäude saß ein junges Mädchen mit einem Krug und ein Mann reichte Andersen und den beiden Schülern das Wasser aus dem Alexisbrunnen – ein Bild, das den Dichter an eine biblische Szene erinnerte:

„Die Schüler und ich standen da, wie durstige Kamele, die von der Hitze und dem Marsch des Tages müde waren, sodass wir zusammen ein vollständiges Gemälde aus der biblischen Geschichte bildeten."

Der Marktplatz von Harzgerode wie ihn Andersen auf seiner Wanderung im Frühsommer 1831 vermutlich noch gesehen hat. Das Foto wurde im Jahr 1899 vor dem Abriss des alten Rathauses aufgenommen. Im Hintergrund rechts sieht man das Hotel „Weißes Ross". Das Haus in der Oberstraße 16 ist bis heute erhalten. Quelle: Kultur- und Heimatbund Harzgerode

Die Wanderung Andersens durch den Harz neigte sich ihrem Ende zu. Die letzten Stationen auf dem Weg nach Eisleben beschrieb der Dichter nur flüchtig, er spüre ein „ungeheures Eilen, um bloß wieder wegzukommen". Harzgerode aber sei „wirklich eine nette Stadt, in der – Gott bewahre! – die Straßen [...] mit schwarzweiß-geädertem Marmor belegt waren". Tatsächlich weisen verschiedene Quellen darauf hin, dass man zu dieser Zeit in Harzgerode vielfach Marmor zum Bauen verwendet hat, der in der Nähe gebrochen wurde. So findet sich zum Beispiel in der „Allgemeinen deutschen Real-Encyklopädie für die gebildeten Stände", die 1827 in Leipzig erschienen war, unter dem Eintrag „Harzgerode" die Beschreibung „das aus Marmor gebaute Harzgerode". Heute ist der Ort besonders wegen seiner historischen Fachwerkhäuser sehenswert, die den neu gestalteten Marktplatz mit dem 1901 eingeweihten Rathaus umrahmen. Das Schloss Harzgerode, erbaut im 16. Jahrhundert, beherbergt eine Heimatstube und die Kunstgussausstellung der Eisenhütte Mägdesprung.

In Harzgerode übernachtete Andersen im damaligen Hotel „Weißes Ross" in der Oberstraße 16. Das Haus ist heute noch zu sehen. Ein von der Polizei gesandter Bote kam in das Hotel und fragte den Dichter nach seinem Pass. Die Tochter des Hauses hatte im Ort erzählt, dass sie einen Engländer als Gast hätten, der zu Fuß angekommen sei. Sonst sei nicht nach seinem Pass gefragt worden, bemerkte Andersen in seinem Tagebuch.

Innenansicht der Kirche St. Marien in Harzgerode

Am frühen Morgen verließ Andersen Harzgerode. Er hatte sich für 18 Groschen seine Stiefel besohlen lassen, doch kaum lag das Hotel hinter ihm, riss das Oberleder. Auf seinem Weg nach Eisleben begleitete ihn ein Führer zunächst nach Königerode, dann wanderte er weiter durch das damalige Dörfchen Klaus, Leimbach und Klostermansfeld. Dort kehrte er in einen Gasthof ein, der eine ungewöhnliche, jedoch in dieser Zeit im Mansfelder Land offenbar verbreitete Architektur aufwies: Der Gasthof hatte ein einziges Fenster, durch das die zu Pferde sitzenden Gäste, meist von Mädchen oder jungen Frauen, mit Schnaps bewirtet wurden.

In den „Schattenbildern" schildert Andersen den Weg nach Eisleben wie eine Aneinanderreihung von eher flüchtigen Eindrücken, wie schnelle Entwürfe von Bildern, an denen der Dichter vorbeieilte. Er würde gern auch noch mehr von diesen sehr hübschen Bildern zeigen, wie zum Beispiel das „malerische Leimbach, aber Bild auf Bild ermüdet, selbst das Kind wird es überdrüssig, immer wieder in dem bunten Bilderbuch zu blättern", schrieb er. Auf ein Bild geht Andersen aber dann doch näher ein, eine kleine erotische Szene, die sich in Klaus abspielte und ihm fast noch lebhafter in Erinnerung geblieben sei, als die Aussicht vom Brocken oder der Rosstrappe:

„In Klaus, ein Dorf, das, wie ich glaube, nur aus drei Häusern besteht, ging ich in das eine von diesen dreien, welches das Wirtshaus ist; alles war hier so malerisch, aber so ganz nach der holländischen Schule, dass ich es doch am liebsten auf der Leinwand hätte sehen mögen. Eine junge Katze wälzte sich zu meinen Füßen, zwei junge Hähne kämpften miteinander auf dem Fußboden, und die Aufwärterin, die im Grunde ein hübsches, ganz bäuerisch gekleidetes und bäuerisch gesundes Mädchen war, reichte mir mit einer solchen Gleichgültigkeit ein Glas Milch, als übe sie einen Akt der Barmherzigkeit; dabei nahm sie so wenig Rücksicht auf mich, dass sie vor einen Spiegel trat und ihre Toilette machte, ihr langes Haar auflöste und es über Nacken und Schulter herabfallen ließ. Ich sehe das Bild noch ganz lebhaft vor mir stehen, und wünsche Dir, mein Leser, dass Du es mit sähest, denn es war gar nicht so übel."

Die Beschreibung der Harzreise endet schließlich wiederum mit einer direkten Ansprache an den Leser und liefert zugleich eine Überleitung zur Beschreibung der Stadt Eisleben. Ob der Leser sich denn jetzt erholt hätte, fragt Andersen. Denn nun sei er in Eisleben.

rechts: Statue des Reformators Martin Luther auf dem Marktplatz von Lutherstadt Eisleben

Lutherstadt Eisleben

Lutherstadt Eisleben

links: Am 10. November 1483 wurde in diesem Haus Martin Luther geboren und am Tag darauf in der Kirche St. Petri und Pauli getauft. Das Geburtshaus ist heute eine Gedenkstätte für den großen Sohn Eislebens.

„Eisleben ist eine hübsche Stadt, von grünen Hügeln umgeben und weit in der Ferne sieht man die ersten Weinberge. Vor einigen Häusern in der Nähe der Stadt, in denen Metalle geschmolzen werden, lag der schwarze Abfall wie kleine Berge und der weißblaue Rauch wirbelte hübsch über diese Berge und hinweg zu den grünen Feldern. Die Alleen sind an einigen Stellen mit Kirschbäumen bepflanzt, und es ist den Reisenden erlaubt, sie zu essen, aber nicht mitzunehmen“, schrieb Andersen in sein Tagebuch, als er am 29. Mai 1831 in Eisleben eintraf und sich im Gasthaus „Das Schäfchen“ einquartierte. Vermutlich meinte er den „Schafschen Gasthof“, der noch im selben Jahr den Namen „Zum Goldenen Stern“ erhielt. In dem Haus am Plan 4 ist heute die Deutsche Bank untergebracht.

Der Kupferschieferbergbau, der zu dieser Zeit noch in Betrieb war – in den 1970er-Jahren wurden die Schächte stillgelegt –, und der Weinanbau hatten über viele Jahrhunderte hinweg das wirtschaftliche Leben in Eisleben geprägt und die Stadt zu einiger Bedeutung kommen lassen. Weltberühmtheit erlangte sie allerdings durch ein ganz anderes Ereignis: Vom Kupferbergbau angelockt zogen auch der Hüt-

„Eisleben ist eine hübsche Stadt“, schrieb Andersen in sein Tagebuch, als er am 29. Mai 1831 die Stadt besuchte.

Historische Aufnahme des Gasthofes „Zum Goldenen Stern" in Eisleben, der im Frühsommer 1831 noch „Schaafscher Gasthof" hieß. Es ist zu vermuten, dass Andersen diesen Gasthof meinte, als er schrieb, er hätte sich in Eisleben im Gasthaus „Das Schäfchen" einquartiert. Quelle: Bestand des Stadtarchivs der Lutherstadt Eisleben

Tourist-Information Lutherstadt Eisleben e. V.

Hallesche Straße 4
06295 Lutherstadt Eisleben
Tel.: (0 34 75) 60 21 24
info@eisleben-tourist.de

Öffnungszeiten

Mo, Mi, Do, Fr 10.00–17.00 Uhr,
Di 10.00–18.00 Uhr,
Sa 10.00–13.00 Uhr

tenmeister Hans Luder und seine Frau Margaretha nach Eisleben. Am 14. November 1483 wurde dort deren Sohn Martin Luder geboren, der 1517 seinen Nachnamen ändern ließ und fortan Martin Luther hieß. Am 18. Februar 1546 starb der große Reformator in seiner Geburtsstadt, nachdem er fast sein gesamtes Leben in Wittenberg verbracht hatte.

Andersen wollte das Geburtshaus Martin Luthers sehen und ließ sich von einem Mädchen, wahrscheinlich der Tochter seiner Gastgeber, dort hinführen. Im Unterschied zum Rathaus der Stadt, das ein „eckiges, finsteres Aussehen" habe, seien im Geburtshaus verschiedene Veränderungen vorgenommen worden, berichtet der dänische Dichter. „Es wird jetzt als Schulhaus benutzt. Auf einem Fenster stehen Luther und Melanchthon als Glasmalerei, und über der Tür liest man um ein farbiges Basrelief mit Luthers Bild: ‚Gottes Werck es Luthers Lehr Darum weyht sie nimmer mehr!'". Die Inschrift notierte Andersen erst später im Eilwagen nach Halle, was offenbar der Grund dafür war, dass er sie fehlerhaft wiedergegeben hatte. Die Inschrift lautet tatsächlich: „Gottes Wort ist Luthers Lehr, darum vergeht sie nimmer mehr."

Die Straßenseite des Geburtshauses Luthers. Andersen fertigte auch davon eine Zeichnung an.

Richtig lag Andersen mit der Feststellung, dass das Geburtshaus zahlreiche Veränderungen erfahren hatte. Die Erinnerungsstätte in der heutigen Lutherstraße 15 wurde Mitte des 15. Jahrhundert als bürgerliches Wohnhaus gebaut. Nachdem es während des großen Stadtbrandes vernichtet worden war, ließ der Eislebener Magistrat 1693 das Gebäude restaurieren und dort eine Gedenkstätte für Luther einrichten, die eine Armenfreischule, eine kleine Sammlung und einen Festsaal für die Almosenverteilung beherbergte. Als die Armenschule zu klein wurde, stiftete der preußische König Friedrich Wilhelm III. in unmittelbarer Nachbarschaft zum Geburtshaus einen Neubau. 2007 wurde das Geburtshaus nach einer umfassenden Restaurierung wieder eröffnet und

Luthers Geburtshaus in Eisleben, gezeichnet von Hans Christian Andersen 1831; Quelle: Det Kongelige Bibliotek

um ein Ausstellungsgebäude sowie ein Besucher-Informationszentrum erweitert.

Andersen war Protestant. Aufgewachsen in einer protestantischen Umgebung nahm er als einziges armes Kind in einer Gruppe von Kindern aus gutem Hause mit 13 Jahren am Konfirmationsunterricht teil und wurde am 18. April 1819, kurz nach seinem 14. Geburtstag, mit einem großen Fest, bei dem er sein erstes eigenes Paar Stiefel bekam, konfirmiert. Andersens religiöse Vorstellungen sind jedoch nur schwer einzuordnen. Der Andersen-Biograf Jens Andersen weist darauf hin, dass Andersens Glaube beeinflusst war von der religiösen Skepsis seines Vaters, dem ausgeprägten Aberglauben seiner Mutter, dem Religionsunterricht an den Lateinschulen, den Erfahrungen seiner 30 Reisen ins Ausland, den jahrzehntelangen pantheistischen und naturwissenschaftlichen Diskussionen, die Andersen mit seinen gelehrten

Stiftung Luthergedenkstätten in Sachsen-Anhalt

Luthers Geburtshaus

Lutherstraße 15–17
06295 Lutherstadt Eisleben
Tel.: (0 34 75) 7 14 78 14
martinluthersgeburtshaus@eisleben.de

Luthers Sterbehaus

Andreaskirchplatz 7
06295 Lutherstadt Eisleben
Tel.: (03 4 75) 60 22 85
martinlutherssterbehaus@eisleben.de

Öffnungszeiten

April–Oktober
täglich 10.00–18.00 Uhr
November–März
Di–So 10.00–17.00 Uhr

Eintrittspreise

Erwachsene 4,– EUR,
ermäßigt 2,50 EUR,
Kombikarte für Geburts- und Sterbehaus 5,– EUR,
Gruppen ab 10 Personen 3,– EUR pro Person

Führungen

nach Voranmeldung

Internet

www.martinluther.de

Detail des Reliefs auf der Straßenseite des Geburtshauses

Die St.-Andreas-Kirche ist die Pfarrkirche der Eisleber Altstadt. In ihr hielt Martin Luther in der Zeit vom 31. Januar bis zum 15. Februar 1546 seine vier letzten Predigten.

Freunden führte, vor allem aber von der Phantasie. „Obwohl Hans Christian Andersen in einer protestantisch-christlichen Tradition aufwuchs und lebte, spielte er häufig mit dem Gedanken, wie es wäre, ein Katholik, Muslim, Jude oder Buddhist zu sein", schreibt Jens Andersen.

Eine protestantische Wallfahrt zu unternehmen war deshalb wohl nicht das Motiv, das Andersen nach Eisleben und in das Geburtshaus Luthers führte, sondern eher die romantische Schwärmerei eines jungen Dichters für einen historisch so bedeutungsvollen und erhabenen Ort. In den „Schattenbildern" veröffentlichte er ein Gedicht, das wie eine Ode auf Eisleben und seinen großen Sohn klingt:

Zwischen freundlich grünen Hügeln
Ragt die kleine Stadt empor,
Lange Strahlen schickt die Sonne
Aus den Sommerwolken vor,
Scheinet auf die hohen Türme,
Deren Glocken festlich gehn,
Überall in Sonntagskleidern
Die geputzten Menschen stehn.
Mönche mit Gesang und Fahnen
Ziehen ernsthaft aus der Stadt;
Sagt mir, dieses Festgepränge,
Was das zu bedeuten hat?
Ha, da kamen ja zwei Herren,

Sie und ihr Gefolg' zu Pferd',
Er, der Herzog und der Bischof
Haben heut' die Stadt beehrt!
An der Mauer, vor den Toren,
Welch' Gewühl, wie sich das drängt!
Männer, Weiber, hoch und niedrig,
Bunt sich durcheinander mengt!
Sieh, ein Bergmann und sein Weibchen
Stehn auch mitten in der Schar,
An der Hand 'nen hübschen Knaben
Mit gar schönem blondem Haar;
Fromm der Knab' die Hände faltet,
Als die fremde Pracht er schaut:
Herzogs Schwert und Bischofs Mantel
Hat am meisten ihn erbaut.
Wunderbar wird's ihm im Herzen,
Unstet schwebt sein Geist umher.
– Leut' von jenseits hinter'n Bergen
Kamen, es zu sehen, her.

Zwischen freundlich grünen Hügeln
Ragt die kleine Stadt empor,
Lange Strahlen schickt die Sonne
Aus den Sommerwolken vor,
Scheinet auf die hohen Türme,
Aber ihre Glocken ruhn,
Und kein Herzog oder Bischof
Halten ihren Einzug nun.
Wunderbar fühlt augenblicklich
Alles Herzleid man vergehn.
Was will ich, was wollen andre
Denn in diesem Städtchen sehn?
„Herzogs Schwert und Bischofs Mantel"
Die sind längst zu Staub verweht,
Doch wir pilgern zu der Stätte,
Wo ein ärmlich Häuschen steht.
Eng' und niedrig ist die Gasse,
Tiefe Stille drüber schwebt,
Wo der Knabe ist geboren,
Wo der Bergmann drin gelebt.
– Fürst und Bischof sind vergessen,
Längst verfielen Wall und Tor;
Steht man in dem kleinen Hause,
Richtet alles sich empor.

Das Gedicht ergänzte Andersen mit dem Bericht über eine kleine Begebenheit, die er vor dem Geburtshaus beobachtet hatte: Ein Bauer stand mit seiner Frau vor dem Haus und

Die von Gottfried Schadow geschaffene Lutherbüste im Garten des Geburtshauses

Die St.-Andreas-Kirche, Westansicht

UNESCO-Welterbestätten

Das Geburtshaus Martin Luthers ist zusammen mit Luthers Sterbehaus (auch in Eisleben) und dem Wittenberger Luther- und Melanchthonhaus sowie der Stadt- und Schlosskirche Wittenberg von der UNESCO als Weltkulturerbe anerkannt worden. In der Nähe der Luthergedenkstätten befinden sich drei weitere UNESCO-Welterbestätten: das Bauhaus in Dessau, das Gartenreich Dessau-Wörlitz und Quedlinburg. Damit besitzt das Land Sachsen-Anhalt im Vergleich zu den übrigen Bundesländern die meisten UNESCO-Welterbestätten.

buchstabierte ihr die Inschrift vor. „Ich konnte auf ihren Gesichtern lesen, welch tiefe und herrliche Poesie für sie in jedem dieser Worte lag, denn ihre Blicke klärten sich wunderbar auf, und als er das letzte Wort aussprach, da war es, als habe er die Offenbarung eines Engels ausgesprochen und sie glaubten daran“, schrieb Andersen, um dann auch selbst begeistert festzustellen: „Luther, das war ein Mann!“

Bei aufgehender Sonne verließ Andersen mit dem sächsischen Eilwagen die Stadt Eisleben und fuhr nach Halle. Unterwegs kam er an zwei Binnenseen vorbei, „wo die roten Wolken sich auf der ruhigen Oberfläche spiegelten“, und an einer „Ritterburg, eckig und mit hohen Türmen, hohen Wällen und Gräben“. Obwohl Andersen in seinen Reisebeschreibungen weder die Seen noch die Burg mit Namen benennt, ist davon auszugehen, dass es sich dabei um den Süßen und Salzigen See und das Schloss Seeburg gehandelt hat.

Das Sterbehaus und das Geburtshaus (rechte Seite, mit der Lutherbüste von Schadow) in der Lutherstadt Eisleben wurden von der UNESCO als Weltkulturerbe anerkannt.

AUS D MARTIN LUTH

Legende
1 Geburtshaus Martin Luthers
2 St. Petri-Pauli
3 St. Andreas
4 Lutherdenkmal
5 Sterbehaus Martin Luthers
6 St. Annen
7 St. Nicolai
8 St. Gertrud
9 Kloster Helfta
180
Ernst Thälmann-Siedlung
Ortsteil Helfta
Neckendorf
Magdeburger Straße
Gerbstedter Straße
Glumestraße
Nußbreite
Freistraße
Breiter Weg
Kasseler Straße
Fritz-Wenck-Straße
Friedensstraße
Bahnhofstraße
Bahnhofsring
Rathenaustraße
Hallesche Straße
Querfurter Straße
Wiesenweg
Landwehr
Zum Sportplatz
Lindenallee
Steinkopfstraße
Karl-Fischer-Straße
Auenweg
Schillerstraße
Bergmannsallee
Straße des Aufbaus
Sonnenweg
Hauptstraße
Klausstraße
Windmühlenweg
Hüneburgweg
Wolferöder Weg
Zeißingstraße
Sangerhäuser Straße
Katharinenstraße
Spangenbergstraße
Hohetorstr.
Helbraer Straße
Kurt-Wein-Straße
Hutberg
Wider Graben
Böse Sieben
Faulgraben

Der Süße See und Schloss Seeburg

Der Süße See ist heute ein Wassersportparadies, das von Wein- und Obstplantagen, Landschafts- und Naturschutzgebieten umrahmt wird. Eine besondere Attraktion ist das Schloss Seeburg. Der Salzige See ist gegen Ende des 19. Jahrhunderts durch großräumig wirksame, tiefgreifende Entwässerungen des Mansfelder Kupferschieferbergbaus verschwunden. Jedoch ist geplant, ihn wieder entstehen zu lassen.
Das heutige Schloss Seeburg ist der westliche Teil einer alten, sehr großen Fluchtburg. 1036 wurde unter Graf Christin von Querfurt mit dem Bau der jetzt noch vorhandenen Niederungsburg begonnen. Ausbauten erfolgten im 12. und 13. Jahrhundert. Die Burg war im Mittelalter wegen ihres ausgeklügelten Verteidigungssystems eine der wehrhaftesten Anlagen überhaupt. Der Umbau der Burg zum Renaissanceschloss erfolgte unter den Grafen von Mansfeld Ende des 15./Anfang des 16. Jahrhunderts. In den kommenden Jahrhunderten erfuhr Schloss Seeburg viele Veränderungen. Heute befinden sich dort ein Weingut, eine kleine Gaststätte und stilvolle Ferienwohnungen.

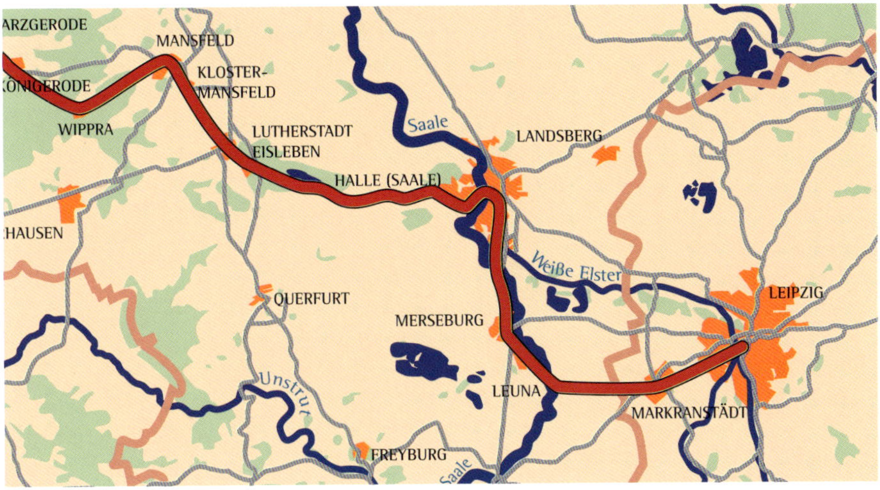

Halle (Saale)

Denkmal für Georg Friedrich Händel auf dem Markt in Halle (Saale)

Halle (Saale)

Die Stadt Halle und das Königreich Dänemark verband seit Anfang des 18. Jahrhunderts ein ganz besonderes Verhältnis: Die Hallenser Pietisten um den Theologen und Pädagogen August Hermann Francke ließen Missionare ausbilden und sandten sie in die dänische Kolonie Tranquebar in Indien. Aus den guten Kontakten zwischen dem dänischen Hof und den pietistischen Kreisen in Deutschland hatte sich die Dänisch-Hallesche Mission mit einer regen Missionstätigkeit entwickelt, die sich schließlich über Tranquebar auch auf andere Regionen in Indien ausdehnte. Im Zentrum der Missionstätigkeit standen die Franckeschen Stiftungen, die eine Vielzahl kultureller, wissenschaftlicher, pädagogischer und sozialer Einrichtungen beherbergten. Seit 1992 wurden sie allmählich restauriert und zu neuem Leben erweckt.

Ob Andersen von dieser besonderen hallesch-dänischen Beziehung wusste, ist nicht bekannt, in seinen Reiseberichten erwähnt er sie jedenfalls nicht. Als der Dichter auf seiner ersten Deutschlandreise am 30. Mai 1831 mit dem sächsischen Eilwagen nach Halle kam, war die Missionstätigkeit jedoch bereits am Verebben. Andersen hatte es eilig. Sein Reisebudget, das durch die hohen Preise der Fremdenführer im Harz arg strapaziert worden war, wurde immer knapper und er wollte so schnell als möglich Dresden erreichen, um Ludwig Tieck zu treffen. So notierte er in seinem Tagebuch nur einige wenige flüchtige Eindrücke von der Stadt:

Tourist-Information Halle
Marktplatz 13
06108 Halle (Saale)
Tel.: (03 45) 1 22 99 84
touristinfo@stadtmarketing-halle.de

Öffnungszeiten
April–November
Mo–Fr 9.00–19.00 Uhr,
Sa 10.00–16.00 Uhr
Mai–Oktober
9.00–19.00 Uhr,
So 10.00–16.00 Uhr

Internet
www. stadtmarketing-halle.de

links: Das Denkmal für August Hermann Francke – im Hof der Franckeschen Stiftungen – wurde 1829 vom Bildhauer Christian Daniel Rauch geschaffen.

Seit der umfassenden Sanierung des in den Jahren 1891 bis 1894 erbauten Stadthauses finden dort wieder Sitzungen des Stadtparlaments, Konzerte und Trauungen statt.

LIMITIERTE SONDER AUSGABE
LIMITIERTE SONDER AUSGABE
SONDER STEMPEL
LIMITIERTE SONDER AUSGABE

„Die gelehrte Stadt Halle [...] sah mir so eng, so ungemütlich aus [...] Die Bauersfrauen, die auf dem Markt saßen und ihre Waren verkauften, hatten für mich ganz merkwürdig zigeunerbraune Gesichter; beinahe wäre ich zu der ersten besten gegangen und hätte ihr mit dem Gedanken meine Hand gereicht, dass sie eine Zigeunerin sei, die mir sagen könnte, welches Honorar in Geld und Unsterblichkeit ich bekomme für all das, was ich in dieser Welt noch denken und schreiben könnte."

links: Der hallesche Marktplatz ist berühmt wegen seiner Silhouette, die von fünf Türmen gebildet wird: von den Blauen Türmen und den Hausmannstürmen der Marienkirche und dem Roten Turm.

Tatsächlich war die alte Salinenstadt Halle, die 2007 ihr 1200-jähriges Bestehen feiern konnte, zur Zeit der ersten Reise Andersens 1831 aufgrund der Enge der Befestigungsanlagen noch durch ein mittelalterliches Stadtbild geprägt. Auch konnte sich die Stadt nur langsam von den napoleonischen Kriegen – Halle war 1806 als erste preußische Stadt von der napoleonischen Armee überrannt und ausgeplündert worden – erholen. Eine weitere schwere Belastung für Halle war die Unterbringung der zahlreichen Verletzten nach der Leipziger Völkerschlacht 1813 in den Lazaretten, Schulen und anderen öffentlichen Gebäuden. 1828 wurde eine „Verschönerungskommission" gebildet. Sie war verantwortlich für den Abbruch der alten Stadtbefestigungsanlagen und die Errichtung von Straßen und Parkanlagen an diesen Stellen. Aus der Tätigkeit dieser Kommission ging später der „Ver-

Im Hof des Händel-Hauses

Burg Giebichenstein in Halle

schönerungsverein“ hervor, der sehr viel für die Begrünung der Stadt getan hat.

Auch die soziale Situation der Bevölkerung in Halle verbesserte sich nur langsam. Der Philosoph und Schriftsteller Arnold Ruge schrieb dazu: „Halle ist eine von den Städten, denen das geistliche Regiment der früheren Jahre eine unendliche Bettlerbevölkerung hinterlassen hat [...] Das Leben der Leute war ein fortdauerndes Verhungern“ (zit. in: Michael Pantesius, Stadtführer Halle, 2005). Ruge war Privatdozent an der Universität Halle, einer der ältesten Universitäten Deutschlands, die 1817 mit der traditionsreichen Universität Wittenberg zusammengeschlossen wurde und heute den Namen Martin-Luther-Universität Halle–Wittenberg trägt. Unter den Studenten dieser Universität, die zum großen Teil in den Lützowschen Freikorps gegen die Armeen Napoleons gekämpft und sich danach wie überall an deutschen Universitäten in Burschenschaften zusammengefunden hatten, gärte es. Den Protest der Hallenser Studenten gegen den Obrigkeitsstaat erwähnt Andersen in seinen Reisenotizen nicht, er hatte es sehr eilig und begnügte sich deshalb damit, die Studenten zu beschreiben:

„Vor dem Universitätsgebäude stand eine Schar Studenten, mit Collegheften unter dem Arm und Tabakspfeifen im Mund. Auf den Straßen trafen wir noch mehr, und rundherum

Löwen bewachen das Hauptgebäude der Martin-Luther-Universität in Halle

in den Fenstern lagen ähnliche Söhne der Minerva, zumindest hielt ich sie dafür."

Bei einem weiteren Besuch in Halle 13 Jahre später – Andersen war inzwischen ein bekannter Schriftsteller – nahm er sich mehr Zeit, die Stadt etwas eingehender zu betrachten. Er quartierte sich im traditionsreichen „Gasthof zum Kronprinzen" in der Kleinen Klausstraße 16 ein, das heute leerstehende, frühere Ärztehaus Mitte, in dem 1805 bereits Johann Wolfgang von Goethe an einer Vorlesung des Arztes und Phrenologen Dr. Franz Joseph Gall teilgenommen hatte. Der Anlass für seine Reise nach Halle war ein Besuch bei Robert Eduard Prutz. Prutz war außerordentlicher Professor für Literatur an der Universität, aber auch ein erfolgreicher Schriftsteller, Dramatiker und Publizist, der sich mit seinen politisch engagierten Schriften mit der Obrigkeit anlegte und wegen Majestätsbeleidigung mehrere Monate im Gefängnis gesessen hatte. Prutz hieß Andersen herzlich willkommen und lud ihn ein, mit ihm zu Mittag zu essen. Anschließend ging Andersen in den Botanischen Garten, der schon zu dieser Zeit eine Lehr- und Forschungssammlung der Universität war und bis heute fortbesteht.

Zurück im Hotel las Andersen in „Die Grenzboten", einer national-liberalen Zeitschrift, die zunächst in Leipzig, später in Berlin herausgegeben wurde, einen Artikel über die däni-

Der Botanische Garten Halle

Der Botanische Garten der Martin-Luther-Universität Halle–Wittenberg blickt auf eine über 300 Jahre währende Geschichte als Lehr- und Forschungssammlung zurück und gehört zu den wenigen mitteleuropäischen Einrichtungen dieser Art, die seit ihrer Gründung nicht verlegt wurden. Auf einer Fläche von 4,5 ha im Freiland und 3000 m² unter Glas werden derzeit rund 12 000 verschiedene Pflanzenarten kultiviert.
Der Botanische Garten ist einer von insgesamt 40 Gärten, die im sachsen-anhaltischen Projekt „Gartenträume" zusammengeschlossen sind (www.gartentraeume-sachsen-anhalt.de).

Der Botanische Garten in Halle kann auf eine mehr als 300-jährige Geschichte zurückblicken. 1844 besuchte auch Andersen den Garten.

Botanischer Garten

Martin-Luther-Universität
Halle–Wittenberg
Am Kirchtor 1
06108 Halle
Tel.: (03 45) 5 52 70 96
Fax: (03 45) 5 52 62 70
botanischer_garten@botanik.uni-halle.de

Öffnungszeiten

Mai–Oktober
Mo–Fr 14.00–18.00 Uhr,
Sa, So, Feiertage 10.00–18.00 Uhr

Internet

www.botanik.uni-halle.de

sche Dichtkunst. Der deutsche Schriftsteller und Literaturhistoriker Eduard Boas verglich darin die beiden dänischen Dichter Hans Christian Andersen und Hans Peter Holst miteinander und kam dabei zu dem Schluss, dass Holst der bessere Dichter sei. „Holst wird so hoch gestellt, und ich so tief", ärgerte sich Andersen. (1847 beschäftigte sich Boas in „Die Grenzboten" erneut mit Andersen. Unter dem Titel „Ein neues Mährchen von Andersen" schrieb er eine Glosse auf die Eitelkeit des dänischen Dichters.)

Am Abend lud Prutz Andersen erneut zum Essen ein, zu dem noch andere „Herren geladen waren". Man trank Champagner und ließ es sich gut gehen. Doch die Anstrengungen der langen Reise machten sich schnell bemerkbar und Andersen verabschiedete sich. In seinem Tagebuch notierte er später:

„Ich ging zum Hotel, aber sah mir vorher noch den Marktplatz an mit dem Roten Turm, der Rolandstatue, die aus Bronze und bemalt ist und vor einem Haus steht, sodass der Roland ein Fenster im Nacken hat. Die beiden Kirchentürme

Das Marktschlösschen, ein im 16. Jahrhundert erbautes Patrizierhaus, beherbergt heute unter anderem die Tourist-Information, ein Café der Halloren Schokoladenfabrik und die Uni-Information.

rechte Seite: Der Drachenbrunnen an der Marktkirche

An der Moritzkirche in Halle

Ziegelwiese
Mühlweg
Ulestraße
Neuwerk
Am Kirchtor
Karl-Liebknecht-Straße
Georg-Cantor-Straße
Blumenstraße
Bernburger Straße
Klosterstraße
Kardinal
Hermannstraße
Laurentiusstraße
Geiststraße
St. Laurentius
Große Wallstraße
Breite Straße
Fleischerstraße
Jägerplatz
Moritzburgring
Friedemann-Bach-Platz
Moritzburg
Kleine Ulrichstraße
Schloßberg
Saale
Robert-Franz-Ring
Dom
Domplatz
Pfälzer Straße
Neue Residenz
Ankerstraße
Hallmark
Saale-Kanal
Hafenstraße
An der Schwemme
Salzgrafenplatz
Mansfelder Straße
Gerberstraße
Hallorenring
Herrenstraße
St. Moritz
Eisleben
B 80
Holzplatz
St. Georg
Glauchaer Platz
Ratswerder
Glauchaer Straße

Magdeburg
B 6, A 14
Schleiermacherstraße
Humboldtstraße
Ludwig-Wucherer-Straße
Martha-Brautzsch-Str.
Carl-von-Ossietzky-Straße
Goethestraße
Schillerstraße
Herderstraße
Lessingstraße
Am Wasserturm
Puschkin-straße
Adam-Kuckhoff-Straße
Franz-Andres-Str.
Paracelsusstraße
Roßplatz
Gütchenstraße
August-Bebel-Straße
Emil-Abderhalden-Straße
Berliner Straße
Ernst-Kromayer-Straße
Friesenstraße
Jahnstraße
Luisenstraße
Steintor
Am Steintor
Krausenstraße
Weidenplan
Johann-Andreas-Segner-Straße
Zinksgartenstraße
Universität
Joliot-Curie-Platz
Große Steinstraße
Krukenbergstraße
Schulstraße
Mittelstraße
Barfüßerstraße
Schimmelstraße
Franzosenweg
Magdeburger Straße
Meckelstraße
Forsterstraße
Große Steinstraße
Kleine Steinstr.
Brüderstraße
Straße der Opfer des Faschismus
Wilhelm-Külz-Straße
Halberstädter Straße
Volkmannstraße
Roter Turm
Marktplatz
Rathausstraße
Gustav-Anlauf-Straße
Stadt-gottesacker
Leipziger Straße
Hansering
Gottesackerstraße
Parkstraße
Anhalter Straße
Charlottenstraße
Dorotheenstraße
Große Märkerstraße
Stadt-museum
Kleine Brauhausstraße
Alter Markt
Sternstraße
Leipziger Turm
Augustastraße
Martinstraße
Marienstraße
Rannische Straße
Großer Berlin
Große Brauhausstraße
Leipziger Straße
Waisenhausring
An der Waisenhausmauer
Riebeckplatz
Franckeplatz
Franckesche Stiftung
Franckestraße
Rudolf-Breitscheid-Straße
Merseburg
B 91
Hauptbahnhof

Die Marktkirche Halle

Die Marktkirche, mit ihren beiden Turmpaaren und zusammen mit dem Roten Turm das unverwechselbare Wahrzeichen der Stadt Halle, ist im 16. Jahrhundert aus zwei mittelalterlichen Kirchen entstanden. Zu den besonderen Sehenswürdigkeiten der Kirche gehören die Totenmaske Martin Luthers – der Reformator hatte dreimal in der Kirche gepredigt –, ein Taufbecken aus Bronze, in dem Georg Friedrich Händel 1685 getauft wurde, und die beiden Orgeln. An der kleineren erhielt Händel seinen ersten Unterricht, die große Orgel wurde im Jahre 1716 in Gegenwart von Johann Sebastian Bach eingeweiht.

Die Marktkirche in Halle, gezeichnet von Hans Christian Andersen 1831; Quelle: Det Kongelige Bibliotek

sind mit einer Brücke verbunden. Ein Mädchen ging darüber, sie bleibt nun in meinen Gedanken für immer dort, daran denkt sie nicht! Dieser Gang um halb sieben Uhr am 24. Juli ist vielleicht ihr berühmtester Gang! Eitler Narr, sagt Gott, du weißt nichts und doch notierst du Einzelheiten aus ihrem Leben! Das könnte recht interessant in einer Erzählung werden."

Es blieb noch ein wenig Zeit, um eine Zeichnung der Marktkirche anzufertigen. Im Hotel eingetroffen, ging Andersen ins Bett. Doch schlafen konnte er nicht. Er ärgerte sich über Boas Artikel in „Die Grenzboten": „Wie ein Mephisto guckt dieser Boas in meine Ruhe, mit seiner dänischen Literatur." Und er ist erbost über die Nachtwächter: „Die Nachtwächter in Halle pfeifen jede Stunde", notierte er in seinem Tagebuch. Um 5 Uhr stand er schließlich auf, um 6.45 Uhr verließ er Halle mit dem Zug.

Marktkirche „Unser Lieben Frauen"

An der Marienkirche 2
06108 Halle (Saale)

Öffnungszeiten

März–Dezember
Mo–Sa, 10.00–17.00 Uhr,
So 15.00–17.00 Uhr,
Januar–Februar
Mo–Sa 12.00–17.00 Uhr,
So 15.00–17.00 Uhr

Internet

www.marktkirche-halle.de

Merseburg

Merseburg

„Der Weg nach Merseburg war mit Kirschbäumen bepflanzt", berichtet Andersen über seine Fahrt mit dem sächsischen Eilwagen nach Merseburg. Die Stadt selbst habe „viele alte Türme". Doch sei sie „dunkel und eng wie Halle", schreibt der Dichter über seinen ersten Eindruck, der vermutlich von der mittelalterlichen Bebauung herrührte, die in der Stadt zu dieser Zeit noch vorherrschte. Auch in Merseburg konnte er sich nicht weiter umschauen. Das Geld wurde immer weniger, die Zeit drängte und er wollte unbedingt noch nach Dresden. Den Dom aber schaute er sich an. Zusammen mit dem Schloss, der Neumarktkirche St. Thomae und der Stadtkirche St. Maximi prägt dieser auch heute noch das Bild der Stadt. Andersen fand, dass Merseburg wegen des „alten gotischen Domes einen Besuch wert" sei.

Fasziniert war der Dichter, der sich bei seinem literarischen Schaffen von den Märchen und Sagen vieler Kulturkreise inspirieren ließ, von der Merseburger Rabensage. „Man erzählte mir hier eine Volkssage, die der Geschichte in der Oper la Gazza ladra [Rossinis Oper „Die diebische Elster"] ganz ähnlich war", schrieb Andersen in sein Tagebuch. In den „Schattenbildern" präsentiert er eine kurze Zusammenfassung der Sage, der er einen etwas spöttischen, aber auch mitleidigen Kommentar folgen lässt:

Tourist-Information Merseburg
Burgstraße 5
06217 Merseburg
Tel.: (0 34 61) 21 41 70
info@merseburg-tourist.de

Öffnungszeiten:
Mo–Fr 9.00–18.00 Uhr,
Sa 9.00–13.00 Uhr

„Die Stadt hat viele alte Türme", schrieb Andersen nach seinem Besuch in Merseburg in sein Tagebuch.

Das „Krumme Tor" in Merseburg

Dom St. Johannes und St. Laurentius

Der Markt mit dem Staupenbrunnen und dem Turm der Stadtkirche

Merseburger Dom

Die Geschichte Merseburgs als Königspfalz, Residenz von Bischöfen und einer eigenen Herzogslinie wie auch ab 1815 als Regierungssitz der preußischen Provinz Sachsen lässt sich auch heute noch an einzigartigen Zeugnissen, wie insbesondere dem Merseburger Dom, ablesen. Den Grundstein für den Merseburger Dom Sankt Laurentii et Johannes baptistae wurde im Jahr 1015 gelegt. 1545 predigte Martin Luther im Merseburger Dom. Erhalten aus der Zeit der Grundsteinlegung ist die dreischiffige romanische Hallenkrypta. In den späteren Jahrhunderten wurde das Bauwerk mehrfach tiefgreifend verändert. Sehr sehenswert sind die Bronzegrabplatte Rudolfs von Rheinfelden (1040), das älteste mittelalterliche Grabdenkmal mit figürlicher Darstellung, die erlesenen Domschätze in der Südklausur des Domes, die Präsentation zu den berühmten Merseburger Zaubersprüchen, den vorchristlichen Beschwörungsformeln aus dem 10. Jahrhundert, sowie die weltberühmte Ladegast-Orgel.

„Sobald nun ein Rabe stirbt, geht es mit ihm wie mit dem Dalai Lama und dem Papst, es wird gleich Rat gehalten und ein neuer erwählt. Noch saß, so sagte man mir, denn ich konnte es nicht finden, so ein unschuldiges schwarzes Tier und rief ‚Jacob', ohne es sich träumen zu lassen, aus welchem Grunde es seine Kost und Wohnung erhielt, und ohne vielleicht auch nur im Entferntesten mit dem bischöflichen Spitzbuben verwandt zu sein, um dessen Willen das Raben-Legat gestiftet wurde."

Die Rabensage von Merseburg

Thilo von Trotha besaß einen schönen goldenen Siegelring, den er von seinem Freund, dem Bischof von Naumburg, geschenkt bekommen hatte. Eines Morgens ließ er seinen Ring am offenen Fenster liegen. Als er den Verlust bemerkte, eilte er zum Fenster zurück, doch der Ring war verschwunden.

In seinem Zorn verdächtigte er seinen langjährigen Diener Jacob des Diebstahls, und obwohl dieser verzweifelt seine Unschuld beteuerte, ließ Thilo von Trotha ihn in den Kerker werfen und hinrichten. Noch nach dem Abschlagen des Kopfes sollen die ausgestreckten Arme des Dieners seine Unschuld beteuert haben.

Als einige Jahre später nach einem heftigen Unwetter das Dach des Schlosses ausgebessert werden musste, entdeckten

Dom St. Johannes und St. Laurentius

Merseburger Dom
Domplatz 7
06217 Merseburg
Tel.: (0 34 61) 21 00 45
Fax: (0 34 61) 72 06 21
fuehrung@merseburger-dom.de

Öffnungszeiten

März–Oktober
Mo–So 9.00–18.00 Uhr
November–Februar
Mo–So 10.00–16.00 Uhr

Führungen

11.00, 13.00 und 15.00 Uhr

Spezialführungen

nach Voranmeldung für Kinder und Jugendliche

Unsere Tipps

Merseburger Orgeltage im September, Merseburger Schlossfestspiele im Juni, Merseburger Domschatz, Turmbesteigung täglich 14.00 Uhr, Internationale Schlossgraben-konzerte von Juni bis August, Weihnachtsmarkt, Weihnachts- und Silvesterkonzerte im Dom

Internet

www.merseburger-dom.de
www.vereinigtedomstifter.de

oben: Schloss Merseburg

links: Rathaus an der Ölgrube

Ständehaus am Schlossgarten

Gerichtsrain
Am Airpark
Horststraße
Halle
B 91
Reinefarthstraße
Von-Harnack-Straße
Goethestraße
Lutherstraße
Erwin-straße
Hatheburgstraße
Junkersstraße
Fieselerstraße
Zeppelinstraße
Markwardstraße
Luftfahrt- und Technikmuseum
Lauchstädter Straße
Siegfriedstraße
Reinefarthstraße
August-Bebel-Straße
Von-Harnack-Straße
Thomas-Müntzer-Straße
Roter Feldweg
Ziolkowskistraße
Otto-Lilienthal-Straße
Otto-Lilienthal-Straße
Brotuffstraße
Thietmarstraße
Albrecht-Dürer-Straße
Jahnstraße
Erzbergerstraße
P
Otto-Lilienthal-Straße
Oeltzschnerstraße
Joachim-Quantz-Straße
Wilhelm-Liebknecht-Straße
Steinstraße
Thomas-Müntzer-Park
Ottoweg
Gutenbergstraße
Rosenweg
Gartenstraße
Klobikauer Straße
Tulpenweg
Nelkenweg
Fliederweg
Lippeweg
Ruhrweg
Wupperweg
Siegweg
Lahnweg
Mainweg
Kinzigweg
Geusaer Straße
Isselweg
Illweg
B 91
Rheinstraße
Am Goldgraben
Weißenfels, A 38
Moselweg
Geusaer Straße
Thomas-Müntzer-Straße
Naumburger Straße
Ulmenweg
Ulmenweg
Carl-Bosch-Straße
Fritz-Haber-Straße
Geisel

Landes-
archiv
Kirche
St. Viti
Peterskloster
Mel.-Brenner-
Straße
Weiße Mauer
Unteraltenburg
Unteraltenburg
Mühlberg
Am Denkmal
Am Sportplatz
König-Heinrich-Straße
Lindenaustraße
Moestelstraße
Rosental
Oberaltenburg
Saale
Christianenstraße
An der Klia
Winkel
Mühlberg
Schloss-
gartensalon
Schloss-
garten
Schloss mit
Rabenkäfig
Lindenstraße
Weiße Mauer
Oberaltenburg
Seffnerstraße
Siegfr.-Berger-Str.
An der Hof-
fischerei
Klia
Unteraltenburg
Domplatz
Dom und
Kapitel-
haus
Meuschauer Straße
Meuschauer
Straße
Venenien
Hälterstraße
Brauhausstr.
Dompropstei
Neumarktkirche
St. Thomae
Poststraße
Dammstraße
Domstraße
Grüne Straße
Neumarkt
Kirchstraße
Krautstraße
Stock-
gasse
B 181
Schulstraße
Am Neumarkttor
Bahnhofstraße
Hölle
Kl. Rittersstr.
Apotheken-
straße
Obere
Burgstraße
Tiefer
Keller
Querstraße
Kirche
St. Norbert
Burgstraße
Enten-
plan
Ölgrube
Leipzig,
A 9
Große Ritterstraße
Sonnenwinkel
Altes
Rathaus
Werderstraße
Stadtkirche
St. Maximi
Gotthardstraße
Markt
Brühl
Preußerstraße
Wagnerstr.
Brühl
Breite Straße
Sixtistraße
Sand
Schmale Str.
Roßmarkt
Rischmühle
Naumburger Straße
Weißenfelser Straße
Sixtistraße
Breite Straße
Saale
Kirchenruine
St. Sixti
B 181
Leunaer Straße
Stadt-
friedhof
Nulandtplatz
Am Güterbahnhof
Nulandtstraße
Abbéstraße
N
0
500 Meter
Freiligrathstraße

Der Merseburger Rabe hat mittlerweile eine Gefährtin bekommen.

S. 149 und 150: Das Völkerschlachtdenkmal bei Leipzig

die Handwerker ein Rabennest. Und in dem Nest lag – der Siegelring. Thilo von Trotha verfiel in große Traurigkeit. Er hatte seinen treuen Diener bestrafen wollen und ihn hinrichten lassen, aber nicht dieser war der Dieb seines schönen Ringes, sondern ein Rabe. Als Mahnung, kein Urteil im Jähzorn zu fällen, ließ der Bischof im Schlosshof einen Vogelbauer errichten und den Raben öffentlich ausstellen. Er setzte eine Summe Geld aus und verpflichtete den Rat der Stadt Merseburg, auf ewige Zeiten einen Raben zu unterhalten, der es lernen musste, „Jacob" zu rufen. Zum Andenken ließ der Bischof auch einen Raben, mit einem Ring im Schnabel, in seinem Wappen verewigen.

Ein Kolkrabe büßt seither für den Diebstahl in einem Käfig im Schlosshof – auch heute noch. Zum Glück aber hat er nun einen großen Käfig und ist nicht mehr allein – denn er hat eine Partnerin bekommen.

Kulturhistorisches Museum Schloss Merseburg
Domplatz 9
06217 Merseburg
Tel.: (0 34 61) 40 13 18 oder 40 13 08
museum.schloss.merseburg@saalekreis.de

Öffnungszeiten
März–Oktober
9.00–18.00 Uhr
November–Februar
10.00–16.00 Uhr

Internet
www.saalekreis.de

Auf der
Leipziger
Ebene

Auf der Leipziger Ebene

„Es ergriff mich ein eigentümliches Gefühl, als ich über die große, unabsehbare Leipziger Ebene fuhr, wo jedes Dorf in der Kriegsgeschichte von Bedeutung ist“, schrieb Andersen in seinen „Schattenbildern“. Es war gerade 18 Jahre her, dass dort eine der verlustreichsten und grausamsten Schlachten stattgefunden hatte, die die Europäer bis dahin erleben mussten: die Leipziger Völkerschlacht. Noch brauchte man dort nicht tief im Boden graben, um auf die Gebeine der Gefallenen zu stoßen, die einst das Schlachtfeld übersät hatten. „Man arbeitete an einer neuen Straße, ich sah Menschenknochen und Kugeln, die man beim Graben gefunden hatte“, berichtet Andersen weiter. Seine Eindrücke vom Kriegsschauplatz verarbeitete er in seinen „Schattenbildern“ zu einem Gedicht:

Die blinde Mutter

„Die Trommeln wirbeln! Wie nah' sie sind!
Rauschen hör' ich der Fahnen Zipfel!“
– „Liebe Mutter, es ist der Wind,
Der durchsäuselt des Waldes Wipfel.“
„Hörst Du denn nicht die Rosse, Kind?
Hörst Du nicht des Trosses Wogen?“
– „Liebe Mutter, Reisende sind
Eben an uns vorüber gezogen.“

„Stille, Kind, jetzt nahn sie heran!
Sieh', Dein Vater, er trägt die Fahne!
Siehst Du das Heer nicht, Mann für Mann?
Wahrlich, mein Sohn, Du bist im Wahne!
Nein! Das ist nicht Reisender Tross,
Oder des Windes nächtliches Wehen!
Kannst Du den Kaiser denn, hoch zu Ross,
Nicht an des Heeres Spitze sehen?

Vor meinen Augen ist's dunkel hier,
Aber ich kann ihn dennoch erkennen.
Falte, mein Kind, die Hände mir,
Ich bin matt und die Adern brennen.
Hörst Du, da rauscht die Fahne wieder!
Freundlich winkt mir Dein Vater da,
Setze mich, Sohn, an den Baum dort nieder,
Ja, ich fühl' es, der Tod ist nah!“

Die Leipziger Völkerschlacht

Vom 16. bis 19. Oktober 1813 war Leipzig mit seiner Umgebung Zentrum der bis dahin größten Schlacht in Europa, der Leipziger Völkerschlacht. Über eine halbe Million Soldaten waren daran beteiligt. Der französischen Armee unter Napoleon Bonaparte standen die verbündeten Armeen Österreichs, Preußens, Russlands und Schwedens, unterstützt durch viele preußische Freikorps, gegenüber. Nach zahllosen Einzelgefechten, in denen beinahe jedes Dorf in der Umgebung von Leipzig erbittert umkämpft wurde, gelang es den Verbündeten am vierten Tag schließlich, die französische Armee in die Flucht zu schlagen. Napoleons Herrschaft über Deutschland war gebrochen.
Die Zahl der Opfer war für die damalige Zeit unvorstellbar: Die Verbündeten hatten 54 000 Tote zu beklagen, die französische Armee 37 000. In Leipzig brach nach dem Ende der Kämpfe eine Katastrophe aus. Nur unter großen Anstrengungen gelang es den Leipzigern, die vielen Leichen zu bestatten, die Lazarette waren so überfüllt, dass unzählige verwundete und kranke Soldaten in den Straßen lagen und dort meist starben. Hinzu kam das Elend der oftmals auch verwundeten Gefangenen, von denen ein großer Teil auf dem Leipziger Johannisfriedhof kampierte. Bald gingen der Stadt die Lebensmittel aus, es machten sich Seuchen breit. Es dauerte viele Jahre, bis sich Leipzig wieder von dieser Tragödie erholte.
Im Leipziger Völkerschlachtdenkmal sind die Kämpfe und ihre Folgen anschaulich dargestellt. Aber auch in anderen Orten, wie zum Beispiel in der Stadt Möckern bei Magdeburg, wo bereits im April 1813 die ersten, für die Verbündeten erfolgreichen Auseinandersetzungen mit der französischen Armee stattgefunden hatten, gedenkt man auch heute noch der Gefechte.

Leipzig

Leipzig

„Leipzig machte einen angenehmen Eindruck auf mich, es ist eine große, freundliche Stadt mit geraden Straßen. Ich glaube, es wohnen zwei bis drei Buchhändler in jeder Straße; überall hängen Bücherschränke und hinter den großen, blanken Glasfenstern Kupferstiche und Bilder", schrieb Andersen über seinen ersten Eindruck von Leipzig. Im damaligen „Buchladen Deutschlands" hatten schon zu dieser Zeit namhafte Druckereien und Verlage wie Anton Philipp Reclam, F. A. Brockhaus oder Baedeker ihren Sitz. Der 1825 gegründete, auch heute noch bestehende Börsenverein des Deutschen Buchhandels gab der Entwicklung weiteren Auftrieb.

Die vielen Verlage waren ein wesentlicher Grund dafür, dass Leipzig neben Berlin, Dresden und Weimar zu den deutschen Städten gehörte, die Andersen am häufigsten besuchte. Dort hatte er enge Kontakte vor allem zur Familie Brockhaus und zu seinem Landsmann, dem Verleger Carl Berendt Lorck, der später auch seine Bücher herausgab. Auf seiner ersten Deutschlandreise 1831 indes besuchte der noch unbekannte Dichter in Leipzig zwar schon den Verleger Brockhaus, hatte aber sonst nur wenige Bekanntschaften, weswegen er sich auch nur einen Tag in der Stadt aufhielt und sich damit begnügte, die Sehenswürdigkeiten Leipzigs zu betrachten.

Leipzig Tourist Service e. V.
Richard-Wagner-Straße 1
04109 Leipzig
Tel.: (03 41) 7 10 42 60 oder
7 10 42 65
Fax: (03 41) 7 10 42 71 oder
7 10 42 76
lipsia@aol.com

Öffnungszeiten
März–Oktober
Mo–Fr 9.30–18.00 Uhr,
Sa 9.30–16.00 Uhr,
So 9.30–18.00 Uhr
November–Februar
Mo–Fr 10.00–18.00 Uhr,
Sa 9.30–16.00 Uhr,
So 9.30–18.00 Uhr

Internet
www.leipzig.de

Das 1960 eröffnete Leipziger Opernhaus ist die zweitälteste deutsche Musikbühne. Auch Andersen berichtet in seinem Tagebuch von einem Opernbesuch in Leipzig.

Nikolaikirche

Die Nikolaikirche ist neben der Thomaskirche die älteste und berühmteste Kirche der Stadt Leipzig. Sie wurde 1165 gegründet und 1520 als spätgotische Hallenkirche umgebaut. Eine ihrer größten Attraktionen ist die von Friedrich Ladegast gebaute Orgel. Seit 1982 fanden in der Kirche regelmäßig Friedensgebete statt. Sie war damit der wichtigste Ausgangspunkt der friedlichen Revolution in der DDR im Jahre 1989.

Seite 154: Auf dem Nikolaikirchhof vor der Kirche wurde 1999 nach Entwürfen des Leipziger Künstlers Andreas Stötzner die Nachbildung einer Dauthe'schen Säule errichtet, die als Friedenssäule an die Montagsdemonstrationen und die friedliche Revolution von 1989 erinnert.

rechts: „Auerbachs Keller" in Leipzig – von Mephisto verführte Studenten

Die Nikolaikirche: Ihr galt das besondere Interesse Andersens bei seinem ersten Besuch in Leipzig.

Weitere Gründe für die schnelle Weiterfahrt waren sicherlich auch das immer knapper werdende Reisebudget und der sehnliche Wunsch, möglichst bald Ludwig Tieck in Dresden zu besuchen.

Gleich nach seiner Ankunft in Leipzig am 31. Mai 1831 besuchte der Dichter die Nikolaikirche. Dort besah er sich die Gemälde des Malers und Bildhauers Adam Friedrich Oeser, wobei ihm besonders das Gemälde „Christus am Brunnen" gefiel, und bewunderte in dem ebenfalls von Oeser gemalten Bild „Schwebender Engel in Verehrung einer Glorie" in der Kuppel über dem Altar den Engel, „der keine Malerei, sondern ein lebendes Wesen zu sein schien". Man zeigte Andersen die Lutherkanzel, von der angeblich der Reformator gepredigt habe, tatsächlich aber nie dort gestanden hat. Andersen stellte sich auf die Fußspitzen, um mit seinen Händen dahin zu reichen, wo Luther seine hingelegt haben soll.

Dann eilte Andersen aus der Stadt hinaus zum Johannisfriedhof, um das Grab des deutschen Dichters, Moralphilosophen und Aufklärers Christian Fürchtegott Gellert zu besuchen, das sich heute auf dem Leipziger Südfriedhof befindet. Ein flacher, einfacher Stein mit dem Namen und dem Sterbejahr bezeichne die Ruhestätte des großen Dichters, stellt Andersen etwas verwundert fest, und doch sei auf dem Friedhof der Dichter der Vornehmste, durch ihn erhalte die Stätte mit ihren Toten ihr Interesse. In das niedrige Gitter, das die Grabstelle umgab, hatten viele Besucher ihre Namen geschrieben oder eingeritzt. Auch Andersen schrieb seinen dazu.

Es war schon Abend, als sich der Dichter auf den Weg zu seinem Hotel machte, dem berühmten Gasthaus „Hôtel de Baviere" in der Petersstraße, in dem vor ihm bereits bedeutende Schriftsteller und Künstler wie Friedrich Schiller, Johann Wolfgang von Goethe und Clara Schumann übernachtet hatten und an dessen Stelle heute das Karstadt-Warenhaus steht. Doch auf dem Weg zum Hotel verirrte er sich – so schrieb er jedenfalls in den „Schattenbildern" – und landete im historischen „Auerbachs Keller", das durch Goethes „Faust" weltbekannt geworden und auch heute noch ein Restaurant ist. Andersen ging hinunter in die damals noch sehr kleine Stube, die nur ein einziges Fenster hatte. Von Weindünsten umgeben saßen dort drei alte Leute, und nachdem sie ihren lebhaften Disput beendet hatten, begannen sie zu singen. Angesichts dieser Szene habe er „jeden Augenblick nach der Tür sehen müssen, ob nicht Mephistopheles mit dem Doktor eintrete", berichtet Andersen.

Nach einem Besuch der zwei Jahre zuvor uraufgeführten Oper „Wilhelm Tell" von Gioachino Rossini, die Andersen nicht so gut gefiel wie die Rossini-Oper „Der Barbier von Sevilla", spazierte der Dichter noch spät am Abend an die

Elster zum damaligen Richters Garten, der auf dem heutigen Grundstück Gottschedstraße 42 lag, um sich die Stelle anzuschauen, wo am 19. Oktober 1813 der polnische Fürst Jozef Anton Poniatowski ums Leben gekommen war. Poniatowski hatte als Oberbefehlshaber des polnischen Heeres auf französischer Seite an der Völkerschlacht bei Leipzig teilgenommen und war während des Rückzugs der geschlagenen napoleonischen Truppen nach Westen schon schwer verwundet in die Elster gestürzt, wo er weggespült wurde und ertrank.

„Eine wunderliche Abenddämmerung lag über der Stätte", Andersen musste an Polen denken, an Tadeusz Kosciuszko, Polens Wilhelm Tell, der 1794 einen Aufstand gegen die Teilungsmächte Russland und Preußen angeführt hatte und an das „unglückliche Reich, das wie eine Landkarte in Stücke geschnitten ist, an das arme, kämpfende Volk", schreibt er in den „Schattenbildern" und lässt ein politisches Bekenntnis folgen, das in seiner Deutlichkeit, aber auch in seiner Hellsichtigkeit für ihn ungewöhnlich ist. Aus politischer Rücksichtnahme hat Andersen die Äußerungen zu Polen, zur Zukunft Europas und zur Pressezensur in Preußen in seiner 1847 von ihm selbst besorgten Ausgabe allerdings streichen lassen:

„Mit Riesenschritten gehen wir einer neuen und besseren Zeit entgegen; aber Europa hat es auszufechten, die wilde Lava muss erst vom Berg fließen, bevor sie die üppigen Ranken des Friedens und der Fruchtbarkeit tragen kann. Eine vernünftige Freiheit, eine natürliche Aufklärung wird ihre milde Sommerwärme über die Länder ausbreiten [...] Wie wird man sich doch über vieles wundern, mit dem Kopf schütteln, lächeln und wieder zufrieden nicken, wenn sie unsere Tageszeitungen in die Finger bekommen, die Sachen aus alten Zeiten beinhalten [...] Lasst uns hier zur Abwechslung einhalten und schauen. Wir nehmen den ersten Artikel auf der Seite, nun den zweiten und lesen – natürlich meine ich nicht, dass es sich hierbei um Curiosa handelt, es ist Zufall, was da steht: Der Geheime Staatsminister von Klewitz hat einen lithographierten Rundbrief an die Redakteure der öffentlichen Zeitungen senden lassen und empfiehlt ihnen, nicht allein den Buchstaben des Zensurgesetzes zu folgen, sondern auch dessen Geist. Die Redakteure mögen durchaus historische Fakten berichten, aber sie haben nicht durch Berichte von revolutionären Begebenheiten auf weitschweifige oder vielleicht sogar lobende Art und Weise Aufruhr- und Aufstandssituationen darzustellen."

Bei seinen Besuchen in späteren Jahren in Leipzig wohnte Andersen nicht mehr im „Hôtel de Baviere", sondern im Hotel „Stadt Hamburg" in der Nikolaistraße oder im Hotel „Stadt Rom" in der Wintergartenstraße. Diese Besuche dienten vor

Nikolaikirche

Evangelisch-Lutherische Kirchgemeinde

Pfarramt
Nikolaikirchhof 3
04109 Leipzig
Tel.: (03 41) 9 60 52 70
Fax: (03 41) 9 60 56 61
kg.leipzig_stnicolai_stjohannis@evlks.de

Öffnungszeiten

Mo–So 10.00–18.00 Uhr
Gottesdienste:
So 9.30 Uhr, 11.15 Uhr und 17.00 Uhr

Internet

www.nikolaikirche-leipzig.de

Die Alte Börse, von Leipziger Kaufleuten 1678–1687 erbaut und heute beliebte Stätte für kleinere festliche Veranstaltungen. Auf dem Naschmarkt vor der Alten Börse befindet sich die bekannte Goethe-Statue.

Die Mädler Passage, in der sich der Zugang zum berühmten „Auerbachs Keller" befindet, dessen Ruhm durch die Kellerszene in Johann Wolfgang von Goethes „Faust" begründet wurde.

„Herrn Andersen zur freundlichen Erinnerung, Clara Schumann, geb. Wieck"; Quelle: Det Kongelige Bibliotek

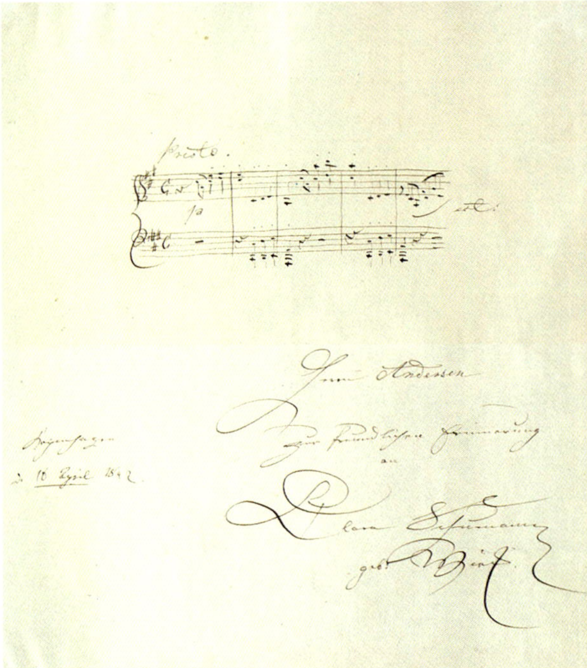

allem der Pflege von Andersens vielen Bekanntschaften, aber auch von intensiven Freundschaften in der Stadt, worüber er ausführlich in seinen Tagebüchern berichtet. Neben seinen Verlegern waren das vor allem das Künstlerehepaar Clara und Robert Schumann und Felix Mendelssohn Bartholdy.

Das Haus der Familie Schumann in der Inselstraße 18, in dem sich heute eine Ausstellung und eine Begegnungsstätte

Verratene Liebe

Da nachts wir uns küssten, o Mädchen,
Hat keiner uns zugeschaut.
Die Sterne, die standen am Himmel,
Wir haben den Sternen getraut.

Es ist ein Stern gefallen,
Der hat dem Meer uns verklagt,
Da hat das Meer es dem Ruder,
Das Ruder dem Schiffer gesagt.

Da sang der selbige Schiffer
Es seiner Liebsten vor.
Nun singen's auf Straßen und Märkten
Die Knaben und Mädchen im Chor.

(Vertont von Robert Schumann)

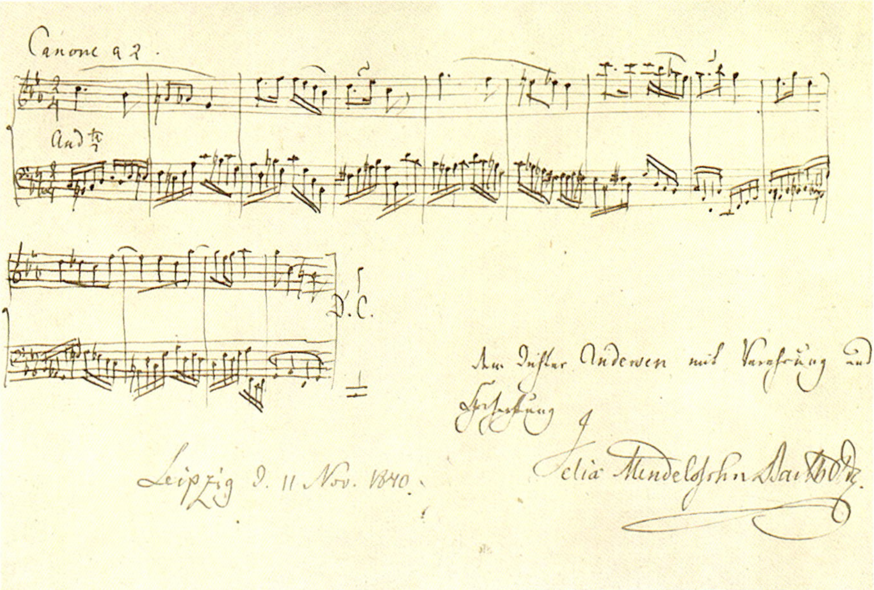

„Dem Dichter Andersen mit Verehrung und Hochachtung, Felix Mendelssohn Bartholdy“; Quelle: Det Kongelige Bibliotek

befinden, war in dieser Zeit einer der gesellschaftlichen Treffpunkte in Leipzig. Hier empfingen die Schumanns nicht nur Andersen, sondern auch Gäste wie Mendelssohn Bartholdy, Franz Liszt, Hector Berlioz oder Richard Wagner. Das Ehepaar Schumann hatte Andersen durch Clara kennen gelernt, als die Pianistin 1842 in Kopenhagen ein Konzert gab, bei dem auch Andersen anwesend war. Zur Erinnerung an die Begegnung überreichte Clara Schumann dem dänischen Dichter einen Gruß mit einem kleinen Musikstückchen.

Robert Schumann kannte bereits vor dieser Begegnung die Werke Andersens. Im Sommer 1840 vertonte der Komponist fünf seiner Gedichte, die von Adalbert von Chamisso vom Dänischen ins Deutsche übertragen worden waren, und widmete die Lieder dem dänischen Dichter (op. 40, Fünf Lieder für eine Singstimme und Pianoforte): Märzveilchen, Muttertraum, Der Soldat, Der Spielmann und Verratene Liebe.

Ein weiterer gesellschaftlicher Mittelpunkt dieser Zeit in Leipzig war das Haus des Komponisten und Gewandhauskapellmeisters Felix Mendelssohn Bartholdy und dessen Familie in der Goldschmidtstraße 12, in dem sich heute eine ständige Ausstellung befindet. In der „Beletage“ des Mendelssohn-Hauses verkehrten berühmte Gäste wie Andersen, das Ehepaar Schumann, Wagner, der dänische Komponist Nils W. Gade und die Schwedin Jenny Lind, die eine der berühmtesten und besten Opernsängerinnen ihrer Zeit war. Die Primadonna war die zweite große Liebe Andersens, doch trotz vieler Jahre heftigster Schwärmerei blieb auch diese

Viel besucht: das Denkmal von Johann Sebastian Bach vor der Thomaskirche

rechts: Die Erinnerung an Johann Sebastian Bach ist in Leipzig allgegenwärtig – hier sein Denkmal vor der Thomaskirche, in der der Komponist als Kantor wirkte.

Thomaskirche

Die Thomaskirche, deren Geschichte sich bis um 1160 zurückverfolgen lässt, wurde 1212 als Gotteshaus des Augustiner-Chorherrenstifts begründet. Im 15. Jahrhundert erhielt die Thomaskirche die Form einer spätgotischen Hallenkirche, auch in den folgenden Jahrhunderten wurde sie immer wieder umgebaut. Heute dient die Thomaskirche als Konzert- und Gotteshaus. Sie ist vor allem bekannt als Wirkungsstätte des weltbekannten Thomanerchores und seines wohl bekanntesten Kantors, Johann Sebastian Bach. Er wirkte von 1723 bis zu seinem Tod im Jahr 1750 in Leipzig und war als Kantor Kirchen-, Rats- und Universitätsmusik-Direktor, de facto also Stadtmusikdirektor. Sein Grab befindet sich im Chorraum der Kirche.

Thomaskirche

Evangelisch-Lutherische Kirchgemeinde St. Thomas Leipzig

Thomaskirchhof 18
04109 Leipzig
Tel.: (03 41) 22 22 40
Fax: (0341) 22 22 41 05
info@thomaskirche.org

Öffnungszeiten

Mo–So 9.00–18.00 Uhr (außerhalb der Gottesdienste und Motetten)

Internet

www. thomaskirche.org

unerfüllt. Die Begegnung inspirierte Andersen zu seinem Märchen „Die Nachtigall".

Andersen hatte Mendelssohn Bartholdy zum ersten Mal 1840 während einer Probe im Gewandhaus in Leipzig getroffen. Bis zum frühen Tod Mendelssohn Bartholdys im Jahre 1847 blieben der Dichter und der Komponist einander verbunden und verehrten sich gegenseitig kleine Kostproben ihrer Künste. Am 9. November 1840 ließ Mendelssohn Bartholdy Andersen mit einem kleinen Musikstück grüßen. Am 5. Juli 1841 spielte der Komponist dem Dichter in der Thomaskirche auf der Orgel, auf der Bach einst gespielt hatte, Komposition von Bach und eigene vor.

Andersen revanchierte sich mit einem kleinen Gedicht:

Mens gjennem Kirken Orglets Toner runged,
Et Barn blev døbt og felix blev det kaldt.
„Ja felix" havde Herrens Engle sjunged,
Thi Tonekunstens Septer ham tilfaldt.

Während Orgeltöne durch die Kirche schallen,
Wird ein Kind getauft und Felix wird es genannt.
„Ja, Felix", haben die Engel des Herren gesungen,
Denn ihm ist das Zepter der Tonkunst zugefallen!

Die Thomaskirche – Wirkungsstätte von Johann Sebastian Bach

Spätere Reisen durch Mitteldeutschland

Figurenschmuck an der Zollbrücke in Magdeburg

Magdeburg

Am Morgen des 10. November 1840 stand ein lang aufgeschossener, aufgeregter Mann auf einem Bahnsteig des Magdeburger Elbebahnhofs und wartete ungeduldig auf den Zug. Es war Hans Christian Andersen, der das erste Mal in seinem Leben mit der Eisenbahn fahren wollte. Andersen war, von Kopenhagen kommend, in den frühen Morgenstunden desselben Tages in Magdeburg eingetroffen. Nach seiner Ankunft hatte er einen Kaffee in der Gaststätte „Stadt Petersburg" getrunken, die damals am Breiten Weg auf der Höhe des heutigen Justizzentrums lag, und war dann 7 Uhr mit „ein bisschen Eisenbahnfieber zum Bahnhof gegangen, um das erste Mal in meinem Leben mit Dampf zu fahren".

Drei Monate zuvor, am 18. August 1840, war in Magdeburg die fünfte Eisenbahnstrecke Deutschlands, die Strecke von Magdeburg nach Leipzig, eröffnet worden. In den vorangegangenen Jahren hatte es noch heftigen Widerstand vonseiten der Magdeburger Kaufmannschaft gegeben. Der Magdeburger Hafen war gut an den Überseehafen Hamburg angebunden und die Kaufleute befürchteten, dass mit dem Bau der Eisenbahnverbindung ein Teil des Handels an Leipzig verloren gehen könnte. Erst als offensichtlich wurde, dass

Tourist-Information Magdeburg
Ernst-Reuter-Allee 12
39104 Magdeburg
Tel.: (03 91) 1 94 33
Fax: (03 91) 5 40 49 30
info@magdeburg-tourist.de

Öffnungszeiten
Januar–März
Mo–Fr 10.00–18.00 Uhr,
Sa 10.00–15.00 Uhr
April–Dezember
Mo–Fr 10.00–18.30 Uhr,
Sa 10.00–15.00 Uhr

Internet
www.magdeburg-tourist.de

links: Am Ufer der Elbe, unterhalb des Magdeburger Domes, verliefen einst die ersten Eisenbahnlinien.

Die Eisenbahn-Hubbrücke wurde 1846/47 errichtet und in der Folgezeit mehrmals umgebaut. Die heutige Form entstand 1934.

rechts: Die zum Teil wieder freigelegten Festungsanlagen Magdeburgs lassen auch heute noch erkennen, dass die Stadt einst die stärkste Festung der preußischen Provinz Sachsen war.

unten: Das Alte Rathaus im Stil der italienisch-niederländischen Renaissance stammt aus der Zeit nach dem Dreißigjährigen Krieg. Die Johanniskirche ist die älteste Magdeburger Pfarrkirche. Am 26. Juni 1524 predigte Martin Luther in der Kirche.

Elbebahnhof

Das Gelände des früheren Elbebahnhofs am südlichen Schleinufer liegt seit Mitte der neunziger Jahre des 20. Jahrhunderts brach. Die Gleisanlagen, Lager- und Bürogebäude der Bahnhofsanlagen sind heute noch zu sehen. Die Erschließung des Areals und die Mobilisierung für neue Nutzungen gehören zu den ehrgeizigsten Städtebau-Projekten der Stadt Magdeburg und des Landes Sachsen-Anhalt. Durch die Lage direkt an der Elbe, im historischen Stadtzentrum und am Fuße des ältesten gotischen Domes Deutschlands entsteht auf dem Gelände eines der spannendsten Fluss-Wohnquartiere des Landes. Die Bebauung des Geländes ist Teil des Beitrages „Leben an und mit der Elbe", mit dem sich die Stadt Magdeburg an der Internationalen Bauausstellung Stadtumbau Sachsen-Anhalt 2010 (IBA) beteiligt. Die IBA war 2003 von der Landesregierung ins Leben gerufen worden, um Lösungen für den Stadtumbau in den schrumpfenden Städten des Landes zu entwickeln.
Für Architekturinteressierte ist eine Besichtigung des Areals sehr lohnenswert. Die Tourist-Information Magdeburg bietet Führungen an.

sich die Entwicklung des Eisenbahnwesens nicht mehr aufhalten lassen und Magdeburg einen großen Teil seiner Handelsverbindungen an andere Städte verlieren würde, gaben die Kaufleute ihren Widerstand auf.

Unter der Leitung des Ingenieurhauptmanns Louis Abraham Gruson begannen im Frühjahr 1835 die Arbeiten an einer Strecke, die erstmals in der deutschen Eisenbahngeschichte mehrere Länder miteinander verband: Von Preußen aus führte sie durch Anhalt-Bernburg, Anhalt-Köthen nach Sachsen. Da in der Stadt der Baugrund wegen des noch bestehenden Festungsstatus nicht verfügbar war, wurde der Bahnhof am westlichen Elbufer gebaut. In den folgenden Jahren kamen weitere Strecken aus Richtung Berlin, Köln, Halberstadt und Hamburg-Wittenberge dazu. Zu Beginn der fünfziger Jahre des 19. Jahrhunderts war Magdeburg der wichtigste Eisenbahnknoten Preußens.

Der Bau eines zentralen Bahnhofs, für den jedoch am Flussufer nicht genügend Platz zur Verfügung stand, wurde immer dringlicher. Nur wenige Jahre nach Fertigstellung des Elbebahnhofes gab es bereits Pläne für einen neuen Zentralbahnhof in der Stadt. Schon am 15. Mai 1873 verkehrte der erste Zug zwischen dem neuen Zentralbahnhof, dem heutigen Hauptbahnhof, und der Stadt Burg. Die Bauarbeiten waren aber erst um das Jahr 1893 vollständig abgeschlossen.

Die Erfindung der Eisenbahn war für Andersen, der Zeit seines Lebens auf Reisen war, ein Geschenk des Himmels – anders als für viele der zeitgenössischen Dichter, die meinten, dass mit der Eisenbahn die Poesie des Reisens verloren ginge. So klagte der romantische deutsche Dichter Novalis darüber, dass die Natur zur „einförmigen Maschine [...] erniedrigt worden sei". Andersen dagegen fand, dass nicht nur Gefühl und

Der Magdeburger Dom

Der Magdeburger Dom ist der erste gotische Dom auf deutschem Boden und einer der größten Kirchenbauten Deutschlands überhaupt. Seine Ursprünge gehen in das Jahr 937 zurück, als der erste deutsche Kaiser, Otto I., ein Kloster zu Ehren des heiligen Mauritius gründete, dessen Kirche er 968 zur Kathedrale erheben ließ. Als der Kaiser 973 in Memleben starb, wurde er in einem Steinsarkophag im Dom beigesetzt. Nachdem 1207 der ottonische Dom bei einem Stadtbrand sehr stark zerstört worden war, entschied sich Erzbischof Albrecht II. 1209 für einen Neubau. Erst 1362 konnte der gotische Kathedralbau geweiht werden, die 101 Meter hohen Westtürme sind sogar erst 1520 vollendet worden. Der Dom enthält kunsthistorisch einmalige Ausstattungsstücke von internationalem Rang, wie zum Beispiel die originale Grablege Kaiser Ottos I. und seiner ersten Gemahlin Editha, frühgotische Sandsteinskulpturen, darunter die berühmten Portalfiguren der klugen und törichten Jungfrauen, das mit hervorragenden Schnitzarbeiten versehene Chorgestühl der Domherren aus dem 14. Jahrhundert und Werke des 20. Jahrhunderts, wie das bekannte Mahnmal von Ernst Barlach. Seit 1567 ist der Dom evangelisch, heute ist er evangelische Bischofskirche.

Über den Magdeburger Dom, einen der imposantesten Kirchenbauten Deutschlands, dessen Ursprünge in das Jahr 937 zurückgehen, schrieb Andersen: „Er ist leicht, groß und kühl und erhebt sich prächtig, wie aus einem Guss."

Phantasie das „poetische Reich" beherrschten, sondern auch der Verstand. Der Däne schätzte vor allem die Bequemlichkeit und die Schnelligkeit des neuen Verkehrsmittels. Und so beschreibt er denn auch seine erste Eisenbahnfahrt von Magdeburg nach Leipzig in „Eines Dichters Bazar" wie ein fast religiöses Erlebnis:

„Oh, welche Großtat des Geistes ist doch diese Erfindung! Man fühlt sich so mächtig wie ein Zauberer der alten Zeit [...] Nur selten in meinem Leben, kann ich mich entsinnen, habe ich mich so ergriffen gefühlt wie hier, habe ich so mit all meinen Gedanken gleichsam Gott von Angesicht zu Angesicht geschaut. Ich spürte eine Andacht, wie ich sie als Kind nur in der Kirche und später dann im sonnenbeglänzten Wald oder auf windstillem Meer in sternklarer Nacht empfunden habe."

Andersens Begeisterung für die Eisenbahn hielt ein ganzes Leben lang an. Auf seinen ausgedehnten Reisen nutzte er das Transportmittel ausgiebig. Wegen der guten Verkehrsanbindung Magdeburgs durch die Eisenbahn und die Elbschifffahrt gehörte die Stadt zu den deutschen Städten, die der dänische Dichter am häufigsten besuchte. Aus seinen Tagebüchern geht hervor, dass er insgesamt zehn Mal in Magdeburg haltmachte. Auf seinen häufigen Reisen nach Leipzig, dem damaligen „Buchladen Deutschlands", benutzte er die Eisenbahn von Magdeburg aus oder fuhr mit dem Dampfschiff von Magdeburg nach Hamburg und von dort weiter nach Dänemark.

Penibel notierte Andersen die Namen der Gasthöfe, in denen er in Magdeburg übernachtete: „Hotel de Strasbourg", Gasthof „Stadt Prag" und Gasthof „Erzherzog Stephan". Oft war er unzufrieden mit den Zimmern, die ihm zugeteilt worden waren. Es waren „schlechte Kammern" mit ebenso „schlechten Betten", sie waren „ungemütlich" oder „schlecht gelüftet". Auf seine Klagen darüber bekam er jedes Mal ein

Evangelische Domkirche St. Mauritius und St. Katharina

Evangelische Domgemeinde Magdeburg
Am Dom 1
39104 Magdeburg
Tel.: (03 91) 5 43 24 14
Fax: (03 91) 5 34 25 07
info@magdeburgerdom.de

Öffnungszeiten

Mai–September
Mo–Sa 10.00–18.00 Uhr,
So und kirchliche Feiertage 11.30–18.00 Uhr
Oktober–April
Mo–Sa: 10.00–16.00 Uhr,
So und kirchliche Feiertage 11.30–16.00 Uhr

Eintrittspreise

keine

Führungen

Erwachsene 3,– EUR,
ermäßigt 1,50 EUR,
Gruppen 2,50 EUR pro Person,
ermäßigt 1,50 EUR pro Person

Führungen

täglich 14.00 Uhr,
sonntags 11.30 Uhr,
Nachtführungen

Internet

www.magdeburgerdom.de

Die Magdeburger Festungsanlagen

Kein Bauwerk hat die Stadt so entscheidend geprägt wie seine Festungsbauten. Von der ersten befestigten Siedlung im 10. Jahrhundert bis zur stärksten Festung der preußischen Provinz Sachsen, dessen Hauptstadt Magdeburg seit 1815 war, ist die Geschichte der Stadt eng mit ihren Festungsanlagen verbunden. Auch heute noch – fast 100 Jahre nach der formellen Aufhebung des Festungszwanges – ist das Stadtbild geprägt von diesen Anlagen. Anfang der neunziger Jahre des 20. Jahrhunderts haben Stadtplaner und Denkmalpfleger damit begonnen, die Festungsanlagen auszugraben, wieder zu restaurieren und für die Öffentlichkeit zugänglich zu machen. Am weitesten fortgeschritten ist die Instandsetzung der Kaserne Mark in der Parkanlage an der Kreuzung Gustav-Adolf-Straße/Walther-Rathenau-Straße. Sie wird heute als Kulturzentrum genutzt, das vom Konzertabend bis zum historischen Mittelalterspektakel ein vielfältiges und attraktives Veranstaltungsangebot präsentiert (das Programm ist unter der Internetadresse www.festungmark.de zu finden).

Am Remtergang des Magdeburger Domes, des ersten gotischen Domes auf deutschem Boden.

rechts: Vom Magdeburger Dom und von den Festungsanlagen der Stadt war Andersen besonders fasziniert. Bei seinen häufigen Besuchen in Magdeburg zog es ihn immer wieder dahin.

neues Zimmer, mit dem er dann schließlich doch noch zufrieden war – ein Zeichen der tatsächlich schlechten Qualität der Hotels und Gasthöfe dieser Zeit oder des wachsenden Anspruchs des inzwischen bekannten dänischen Dichters an die Bequemlichkeit?

Meist übernachtete Andersen im Gasthof „Erzherzog Stephan", der in der Nähe des Bahnhofs in der Fürstenwallstraße lag und eine Aussicht auf den Wall hatte. Und obwohl das Hotel „neu und elegant" war, wie Andersen am 18. Dezember 1845 in sein Tagebuch schrieb, war er auch mit dem Zimmer dort meist zunächst nicht zufrieden, woraufhin ihm ein neues zugeteilt wurde. Vom Gasthof „Erzherzog Stephan" ging Andersen regelmäßig zum Dom, über den er während seiner häufigen Aufenthalte in Magdeburg immer wieder kurze Bemerkungen in sein Tagebuch niederschrieb:

„Die Domkirche ist gotisch und leicht und liegt an einem großen Platz [...] Ein schöner Kreuzgang mit einem Garten in der Mitte befindet sich gleich daneben, hier sind die Mönche gegangen [...] Wir waren drinnen in der Kirche, die groß und kühl ist [...] Sie erhebt sich prächtig, wie aus einem Guss."

Ebenso häufig wie den Dom besuchte und beschrieb Andersen auch die Festungsanlagen, von denen aus er gern über die Elbe schaute und wo er sich während seines Magdeburg-Besuchs am 19. Mai 1852 darüber freute, „dass die wilden Kastanien in voller Blüte stehen und der Flieder ebenso". Bei den damaligen Besuchern Magdeburgs müssen die gewaltigen Festungsanlagen der Stadt einen starken und nachhaltigen Eindruck hinterlassen haben. Auch Andersen beschrieb während seines ersten Besuchs in der Stadt im November 1840 Magdeburg als eine „ansehnliche Stadt mit einem Festungswerk."

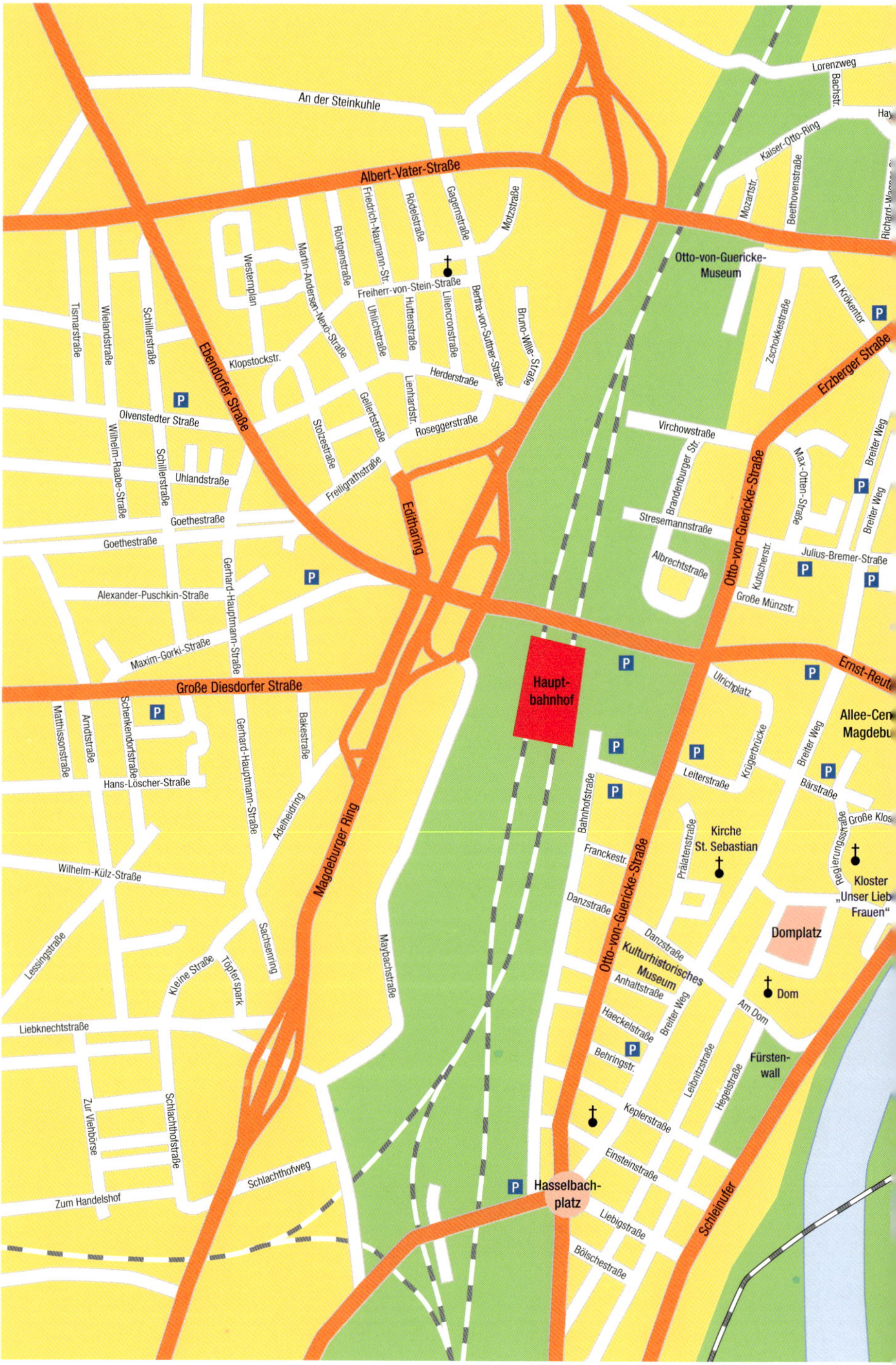

An der Steinkuhle
Lorenzweg
Bachstr.
Kaiser-Otto-Ring
Albert-Vater-Straße
Friedrich-Naumann-Str.
Rödelstraße
Gagernstraße
Motzstraße
Mozartstr.
Beethovenstraße
Röntgenstraße
Westernplan
Martin-Andersen-Nexö-Straße
Freiherr-von-Stein-Straße
Otto-von-Guericke-Museum
Am Krökentor
Tismarstraße
Wielandstraße
Schillerstraße
Uhlichstraße
Huttenstraße
Liliencronstraße
Bertha-von-Suttner-Straße
Bruno-Wille-Straße
Zschokkestraße
Ebendorfer Straße
Klopstockstr.
Herderstraße
Erzberger Straße
Lienhardtstr.
Olvenstedter Straße
Wilhelm-Raabe-Straße
Stolzestraße
Gellertstraße
Roseggerstraße
Virchowstraße
Breiter Weg
Brandenburger Str.
Max-Otten-Straße
Schillerstraße
Uhlandstraße
Freiligrathstraße
Editharing
Goethestraße
Goethestraße
Stresemannstraße
Otto-von-Guericke-Straße
Julius-Bremer-Straße
Albrechtstraße
Kutscherstr.
Große Münzstr.
Alexander-Puschkin-Straße
Gerhard-Hauptmann-Straße
Maxim-Gorki-Straße
Hauptbahnhof
Große Diesdorfer Straße
Ulrichplatz
Matthissonstraße
Arndtstraße
Schenkendorfstraße
Gerhard-Hauptmann-Straße
Bakestraße
Krügerbrücke
Leiterstraße
Bärstraße
Hans-Löscher-Straße
Adelheidring
Bahnhofstraße
Magdeburger Ring
Kirche St. Sebastian
Prälatenstraße
Große Klos
Regierungsstraße
Wilhelm-Külz-Straße
Francкestr.
Kloster
Danzstraße
Domplatz
Lessingstraße
Sachsenring
Maybachstraße
Danzstraße
Kulturhistorisches Museum
Kleine Straße
Töpferspark
Anhaltstraße
Dom
Am Dom
Liebknechtstraße
Haeckelstraße
Breiter Weg
Fürstenwall
Behringstr.
Leibnitzstraße
Hegelstraße
Zur Viehbörse
Schlachthofstraße
Keplerstraße
Einsteinstraße
Schlachthofweg
Hasselbachplatz
Zum Handelshof
Liebigstraße
Schleinufer
Bölschestraße

Kulturhistorisches Museum

Otto-von-Guericke-Straße 68–73
39104 Magdeburg
Tel.: (03 91) 5 40 35 01
Fax: (03 91) 5 40 35 10
museen@magdeburg.de

Öffnungszeiten

Di–So 10.00–17.00 Uhr

Internet

www.khm-magdeburg.de

Halberstadt

Auf seiner vorletzten Reise im Frühsommer 1872, die Andersen nach Deutschland, Tschechien, Österreich und Italien führte, besuchte er auf der Rückfahrt auch Halberstadt. Am 31. Mai 1872 traf er gegen halb fünf mit dem Zug dort ein und nahm sich ein Zimmer im „Hotel Royal". Nach dem Essen fuhr Andersen in die Stadt und schaute sich die „außergewöhnlichen, alten Häuser, die Domkirche und noch zwei andere Häuser" an, wie er in seinem Tagebuch notierte. Dann besah er sich das Gleimhaus:

„Ein junges Mädchen mit einem kleinen Kind saß oben am offenen Fenster, ich warf dem Kind einen Kuss zu. Dann spazierte ich auf einer hübschen, von Gärten gesäumten Promenade um die Stadt herum", schrieb der Dichter weiter. Er ging frühzeitig zu Bett, konnte aber nicht schlafen, weil seine Beine von einem großen, roten Ausschlag brannten – möglicherweise bereits ein Symptom seiner Lebererkrankung. Am 1. Juni 1872 fuhr Andersen zum Bahnhof und nahm den Zug nach Braunschweig.

Halberstadt Information
Hinter dem Rathause 6
38820 Halberstadt
Tel.: (0 39 41) 55 18 15
Fax: (0 39 41) 55 10 89
halberstadt-info@halberstadt.de

Internet
www.halberstadt.de

links: Der Halberstädter Dom St. Stephanus und St. Sixtus

Ansicht der Halberstädter Innenstadt. Nach seinem Besuch in Halberstadt erwähnte Andersen in seinem Tagebuch vor allem die „außergewöhnlichen, alten Häuser und die Domkirche".

Dom und Domschatz zu Halberstadt

Dom St. Stephanus
Domplatz 16 a
38820 Halberstadt
Tel.: (0 39 41) 2 42 37
Fax: (0 39 41) 62 12 93
mail@dom-und-domschatz.de

Öffnungszeiten

Mai–Oktober
Di–Sa 10.00–17.00 Uhr,
So/Feiertage 11.00–17.00 Uhr
November–April
Di–So 11.00–16.00 Uhr
Montags ist der Domschatz ganzjährig geschlossen.

Eintrittspreise Domschatz

Erwachsene 6,– EUR,
ermäßigt 4,– EUR,
Kinder frei

Führungen Dom und Domschatz

Mai–Oktober
Mo 11.30 Uhr und 14.30 Uhr (nur Dom),
Di–Fr 10.00 Uhr und 14.00 Uhr (Domschatz),
11.30 Uhr und 15.30 Uhr (Dom und Domschatz),
Sa/So/Feiertage 14.00 Uhr (Domschatz),
11.30 Uhr und 15.30 Uhr (Dom und Domschatz)
November–April
Mo 11.30 Uhr und 14.30 Uhr (nur Dom),
Di–So/Feiertage 11.30 Uhr und 14.30 Uhr (Dom und Domschatz)
Der Domschatz kann auch ohne Führung besichtigt werden. Gruppen werden um Voranmeldung gebeten.

Ausstellungen

umfangreichster mittelalterlicher Domschatz Europas

Internet

www.dom-und-domschatz.de

Der Halberstädter Dom

Die Domkirche St. Stephanus und St. Sixtus wurde zwischen 1236 und 1486 nach dem Vorbild französischer Kathedralen errichtet. Im grandiosen gotischen Kirchenraum ist eine große Anzahl bedeutender, mittelalterlicher Kunstwerke zu sehen, so z. B. die 290 Glasmalereien in den Fenstern des Domchores und die überlebensgroße Triumphkreuzgruppe. Eine außergewöhnliche Sehenswürdigkeit ist auch der Halberstädter Domschatz. Mit insgesamt 650 Stücken gilt er als umfangreichster mittelalterlicher Kirchenschatz, der in Europa erhalten geblieben ist. Goldschmiedearbeiten, Elfenbeinschnitzereien, Werke aus Bergkristall sowie Textilien sind Zeugnisse des Gottesdienstes in einer mittelalterlichen Bischofskirche.

Das Gleimhaus

Das Gleimhaus ist die ehemalige Wohn- und Wirkungsstätte von Johann Wilhelm Ludwig Gleim (1719–1803). 1747 kam er als Verwaltungsleiter des Domstiftes nach Halberstadt, wo er in das Fachwerkhaus am Domplatz 31 einzog und bis zu seinem Tod dort lebte. Der Sammler und Dichter der Aufklärung machte Halberstadt im 18. Jahrhundert zu einem literarischen Zentrum. Gleim war mit fast allen bedeutenden Schriftstellern der damaligen Zeit befreundet. Er war der größte bürgerliche Mäzen für junge Dichter im nord- und mitteldeutschen Raum und Literaturförderer.

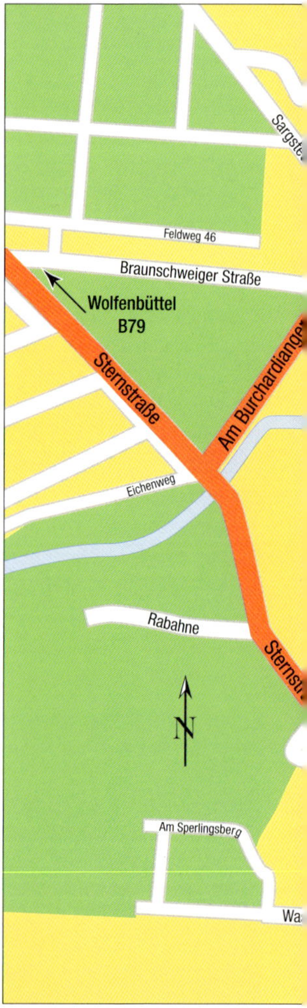

Das Gleimhaus und ein Blick auf Gleims Sammlung von Dichterporträts, die schon Johann Wolfgang von Goethe 1805 bewundert hatte

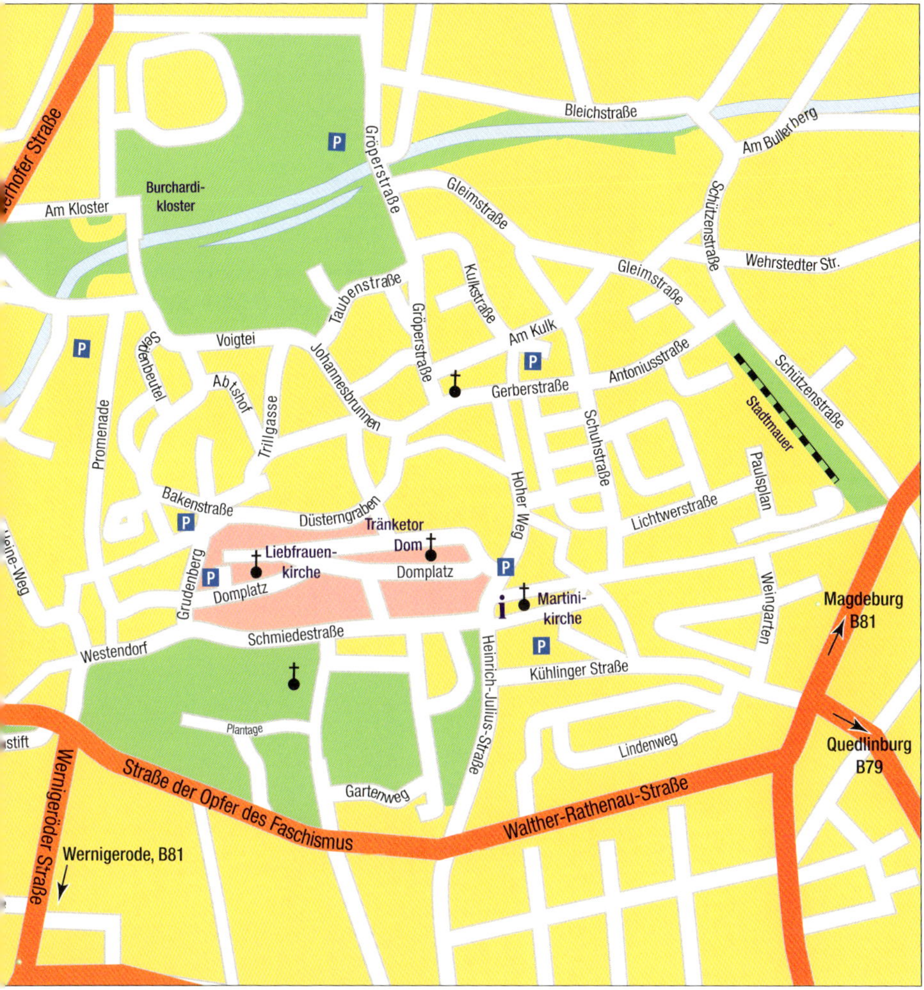

Das Gleimhaus

Domplatz 31
38820 Halberstadt
Tel.: (0 39 41) 6 87 10
gleimhaus@halberstadt.de
www.gleimhaus.de

Öffnungszeiten

November–April
Di–Fr 9.00–16.00 Uhr,
Sa/So 10.00–16.00 Uhr
Mai–Oktober
Di–Fr 9.00–17.00 Uhr,
Sa/So 10.00–16.00 Uhr

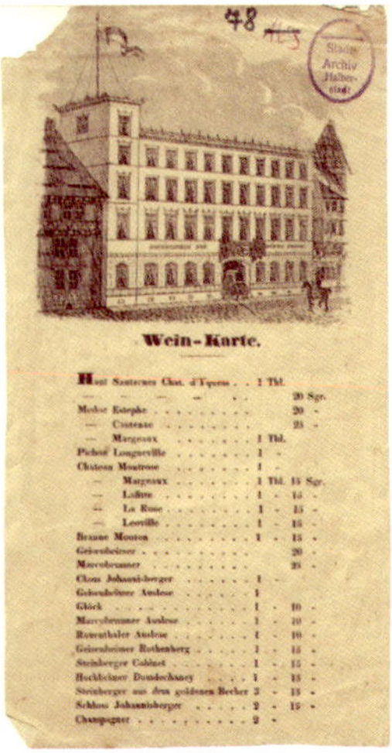

Wein-Karte.

Haut Sauternes Chat. d'Yquem	1 Thl.	
— — —		20 Sgr.
Medoc Estephe		20 -
— Cantenac		25 -
— Margeaux	1 Thl.	
Pichon Longueville	1 -	
Chateau Montrose	1 -	
— Margeaux	1 Thl.	15 Sgr.
— Lafitte	1 -	15 -
— La Rose	1 -	15 -
— Leoville	1 -	15 -
Beaune Mouton	1 -	15 -
Geisenheimer		20 -
Marcobrunner		25 -
Clous Johannisberger	1 -	
Geisenheimer Auslese	1	
Glöck	1 -	10 -
Marcobrunner Auslese	1 -	10 -
Rauenthaler Auslese	1 -	10 -
Geisenheimer Rothenberg	1 -	15 -
Steinberger Cabinet	1 -	15 -
Hochheimer Domdechaney	1 -	15 -
Steinberger aus dem goldenen Becher	3 -	15 -
Schloss Johannisberger	2 -	15 -
Champagner	2 -	

Historische Darstellung des früheren „Hotel Royal“ im Breiten Weg 42 in Halberstadt auf einer Weinkarte des Hotels. Hier übernachtete Andersen am 31. Mai 1872. Quelle: Stadtarchiv Halberstadt

rechts: Innenansicht des Halberstädter Doms. Besonders berühmt ist der Dom für seinen Domschatz (im Bild oben Reliquienbehältnisse aus Elfenbein, 12./13. Jahrhundert).

Naumburg

Naumburg ist eine „überaus hübsche Stadt“, schrieb Andersen in sein Tagebuch, als er am 23. Juni 1844 Naumburg das erste Mal besuchte. In den Jahren 1844 und 1846 hielt er sich auf seinen Deutschlandreisen mehrere Male dort auf und übernachtete, wenn er in der Stadt blieb, im Hotel „Zum Grünen Schild“. Am 23. Juni 1844 war gerade Markttag: „Es war sehr lebendig in der Stadt, die Leute auf der Post und im Hotel ‚Zum Grünen Schild‘ waren sehr höflich“. In seinem Tagebuch berichtet er auch, dass ihm Naumburg schon als Kind ein Begriff gewesen sei, denn er hatte in Odense in August Friedrich Ferdinand von Kotzebues Schauspiel „Die Hussiten vor Naumburg im Jahre 1432“ mitgespielt, das 1803 in Wien uraufgeführt worden war. Das Schauspiel basiert auf einer Sage, nach der Naumburg von der Zerstörung durch die Hussiten-Heere verschont blieb, weil sich deren Feldherr Prokop durch bittende Kinder – in weiße Büßerhemdchen gekleidet – hat erweichen lassen. Er schenkte den ausgehungerten Kindern sogar Kirschen. Zwar weiß man heute, dass Naumburg nie von den Hussiten belagert worden ist, dennoch ist die Sage der Kern des historischen Hussiten-Kirschfestes, bei dem den Naumburger Kindern besondere Aufmerksamkeit geschenkt wird. Das Fest, das jährlich am letzten Juni-Wochenende auf der Vogelwiese stattfindet, gilt als eines der traditionsreichsten Volksfeste Mitteldeutschlands.

Beeindruckt war Andersen auch vom Dom, den er sich bei den folgenden Besuchen in Naumburg immer wieder anschaute.

Stadt Naumburg
Kultur und Tourismus

Markt 12
06618 Naumburg
Tel.: (0 34 45) 27 31 25
Fax: (0 34 45) 27 31 28
info@naumburg-tourismus.de

Internet

www.naumburg-tourismus.de

Saale-Unstrut-Tourismus e. V.

Lindenring 34
06618 Naumburg
Tel.: (0 34 45) 23 37 90
Fax: (0 34 45) 23 37 98
fremdenverkehrsaale-unstrut@t-online.de

Internet

www.saale-unstrut-tourismus.de

Historische Ansicht des Hotels „Zum Roten Hirsch“ in der Jakobstraße 31 in Naumburg. Bis 1877 hieß das Hotel „Zum Grünen Schild“. Dort übernachtete Andersen bei seinen Besuchen in Naumburg. Auch Johann Sebastian Bach wohnte in diesem Hotel, als er 1746 zusammen mit dem Orgelbauer Gottfried Silbermann die Hildebrandtorgel in der Stadtkirche St. Wenzel abnahm. Das Haus ist heute noch zu sehen. (Abdruck mit freundlicher Genehmigung des Tauchaer Verlages)

Naumburger Dom

Mit dem Bau des heutigen spätromanisch-frühgotischen Doms St. Peter und Paul wurde im 13. Jahrhundert begonnen, nachdem es im 11. Jahrhundert bereits einen Vorgängerbau gegeben hatte. Für die abschließenden Arbeiten am Neubau konnte mit dem sogenannten Naumburger Meister eine der herausragenden Künstlerpersönlichkeiten des Mittelalters gewonnen werden. Aus seiner Werkstatt stammen unter anderem die lebensgroßen Stifterstandbilder im Westchor – die bekanntesten sind Uta und Ekkehard. 1542 führte Martin Luther im Dom den ersten deutschen evangelischen Bischof in sein Amt ein.
Das Kunst- und Kulturdenkmal von internationalem Rang ist die meistbesuchte Sehenswürdigkeit an der Tourismusroute „Straße der Romanik". Unbedingt sehenswert ist der Domschatz. Mehr als 30 erlesene Kostbarkeiten des Mittelalters und der Renaissance werden der Öffentlichkeit präsentiert, darunter Cranach-Gemälde, die Naumburger Johannesschüssel aus dem 13. Jahrhundert sowie eine der ältesten Pietàs Deutschlands aus dem 14. Jahrhundert.

Naumburger Dom St. Peter und St. Paul

Naumburger Dom St. Peter und St. Paul und sein Domschatzgewölbe
Domplatz 16/17
06618 Naumburg
Tel.: (0 34 45) 23 01 10
Fax: (0 34 45) 23 01 10

Öffnungszeiten

März–Oktober
Mo–Sa 9.00–18.00 Uhr,
So/kirchliche Feiertage
12.00–18.00 Uhr
November–Februar
Mo–Sa 10.00–16.00 Uhr,
So/kirchliche Feiertage
12.00–16.00 Uhr
Sonderöffnungszeiten:
24. und 31. Dezember

Kurzfristig kann es aufgrund von Trauungen, Taufen und Konzertproben zu Einschränkungen der geltenden Öffnungszeiten kommen.

Eintrittspreise

Erwachsene 4,– EUR,
ermäßigt 3,– EUR,
Schüler 2,– EUR,
Jahreskarte Dom und Domschatz 20,– EUR,
Familienkarte (gültig für 2 Erwachsene und schulpflichtige Kinder) 10,– EUR,
Kombikarte (Naumburger Dom und Dom zu Merseburg)
Erwachsene 6,50 EUR,
ermäßigt 4,50 EUR,
Schüler 3,– EUR

Führungen

März–Oktober
Mo–Sa 10.00, 14.00 und 17.00 Uhr,
So 12.00, 14.00 und 17.00 Uhr
November–Februar
11.00 und 14.00 Uhr,
So/kirchliche Feiertage
12.00 und 14.00 Uhr
Führung für Reisegruppen:
nach Voranmeldung

Der Naumburger Dom ist die meistbesuchte Sehenswürdigkeit an der sachsen-anhaltischen Touristenroute „Straße der Romanik". Auch Andersen war von der Kirche so fasziniert, dass er sie bei seinen Aufenthalten in Naumburg immer wieder besichtigte.

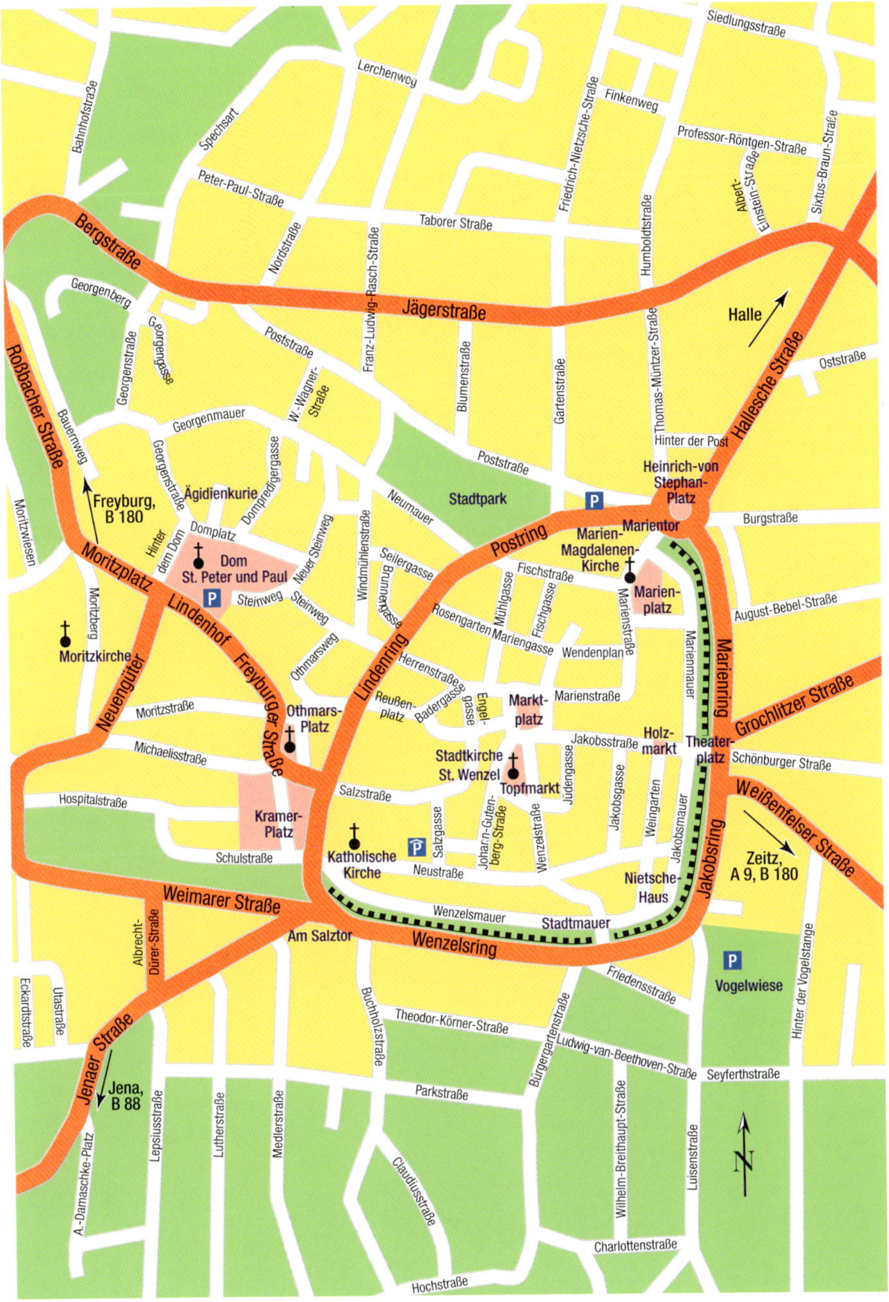
Siedlungsstraße
Lerchenweg
Finkenweg
Friedrich-Nietzsche-Straße
Professor-Röntgen-Straße
Sixtus-Braun-Straße
Albert-Einstein-Straße
Bahnhofstraße
Spechsart
Peter-Paul-Straße
Taborer Straße
Humboldtstraße
Nordstraße
Franz-Ludwig-Rasch-Straße
Bergstraße
Jägerstraße
Halle
Georgenberg
Georgengasse
Georgenstraße
Poststraße
Thomas-Müntzer-Straße
Oststraße
Hallesche Straße
Roßbacher Straße
W.-Wagner-Straße
Blumenstraße
Gartenstraße
Hinter der Post
Bauernweg
Georgenmauer
Dompredigergasse
Poststraße
Heinrich-von Stephan-Platz
Freyburg, B 180
Ägidienkurie
Stadtpark
P
Moritzwiesen
Hinter dem Dom
Domplatz
Neuer Steinweg
Windmühlenstraße
Neumauer
Marientor
Burgstraße
Postring
Marien-Magdalenen-Kirche
Dom St. Peter und Paul
Moritzplatz
Seilergasse
Fischstraße
Marien-platz
Moritzberg
P
Steinweg
Steinweg
Brunnengasse
Mühlgasse
Fischgasse
Marienstraße
August-Bebel-Straße
Lindenhof
Rosengarten
Mariengasse
Wendenplan
Marienmauer
Moritzkirche
Othmarsweg
Freyburger Straße
Lindenring
Herrenstraße
Marienring
Neuengüter
Grochlitzer Straße
Moritzstraße
Othmars-Platz
Reußen-platz
Badergasse
Engel-gasse
Markt-platz
Marienstraße
Jakobsstraße
Holz-markt
Theater-platz
Michaelisstraße
Stadtkirche St. Wenzel
Schönburger Straße
Topfmarkt
Jüdengasse
Salzstraße
Jakobsgasse
Weingarten
Jakobsmauer
Weißenfelser Straße
Hospitalstraße
Kramer-Platz
Salzgasse
Johann-Gutenberg-Straße
Wenzelstraße
Jakobsring
Zeitz, A 9, B 180
Katholische Kirche
P
Schulstraße
Neustraße
Nietsche-Haus
Weimarer Straße
Wenzelsmauer
Stadtmauer
Am Salztor
Wenzelsring
Albrecht-Dürer-Straße
Friedensstraße
P
Vogelwiese
Eckardtstraße
Utastraße
Buchholzstraße
Theodor-Körner-Straße
Bürgergartenstraße
Hinter der Vogelstange
Jenaer Straße
Ludwig-van-Beethoven-Straße
Seyferthstraße
Jena, B 88
Parkstraße
Lepsiusstraße
Lutherstraße
Medlerstraße
Wilhelm-Breithaupt-Straße
Luisenstraße
N
A.-Damaschke-Platz
Claudiusstraße
Charlottenstraße
Hochstraße

Literatur

Hans Christian Andersen, Eines Dichters Basar, Leipzig und Weimar, 1984

H. C. Andersens Märchen, hrsg. von Karl Martin Schiller, Leipzig, 1927

Hans Christian Andersen, Reiseschatten von einem Ausfluge nach dem Harz, der sächsischen Schweiz im Sommer 1831; in: H. C. Andersen's Gesammelte Werke, vom Verfasser selbst besorgte Ausgabe, Bd. 17, Leipzig, 1847

Hans Christian Andersen, Schattenbilder einer Reise in den Harz, die Sächsische Schweiz etc. etc. im Sommer 1831, Frankfurt am Main und Leipzig, 2002

Hans Christian Andersen, Tagebücher 1825–1875, hrsg. und übersetzt von Gisela Perlet, Frankfurt am Main und Leipzig, 2003

Jens Andersen, Hans Christian Andersen, Frankfurt am Main und Leipzig, 2005

Der Markt in Goslar

Cord-Friedrich Berghahn u. a. (Hrsg.), Literarische Harzreisen. Bilder und Realität einer Region zwischen Romantik und Moderne, Bielefeld, 2008

Georg Dehio, Handbuch der Deutschen Kunstdenkmäler, Sachsen-Anhalt I und II, Berlin, 1990

Jacob und Wilhelm Grimm, Deutsche Sagen, Bd. 1, 3. Aufl, besorgt von Hermann Grimm, Berlin, 1891

Otto Künnemann und Martina Güldemann, Geschichte der Stadt Leipzig, Gudensberg-Gleichen, 2004

Uwe Lagatz (Hrsg.), Von Wernigerode auf den Harz – Ein historisches Reisebuch, Wernigerode, 2006

Joachim Lehrmann, Räuberbanden zwischen Harz und Weser, Lehrte/Hannover, 2004

Jan N. Lorenzen, Die großen Schlachten, Frankfurt am Main, 2006

Johan de Mylius, Hans Christian Andersen, Arkiv for Dansk Litteratur:
http://adl.dk/adl_pub/forside/cv/forside.xsql?nnoc =adl_pub

Gisela Perlet, Hans Christian Andersen, Frankfurt am Main, 2005

Rüdiger Safranski, Die Romantik, München, 2007

Andrea Siegmund, Die romantische Ruine im Landschaftsgarten, Würzburg, 2002

Bengt Algot Sørensen, Der Märchenstil H. C. Andersens im Lichte deutscher Märchendichtung; in: Orbis Litterarum, Bd. 60, Ausgabe 6, 2005

Mathias Tullner, Geschichte Sachsen-Anhalts, München, 2008

Erich Unglaub, Hans Christian Andersen als Harzreisender; in: Cord-Friedrich Berghahn u. a. (Hrsg.), Literarische Harzreisen, Bilder und Realität einer Region zwischen Romantik und Moderne, Bielefeld 2008, S. 129 ff.

Gero von Wilpert, Sachwörterbuch der Literatur, Stuttgart, 1969

www.steko.net

www.onlinebuch.com

www.steko.net

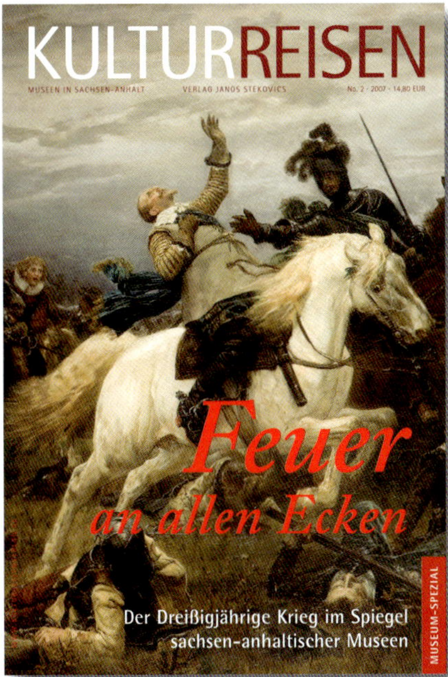

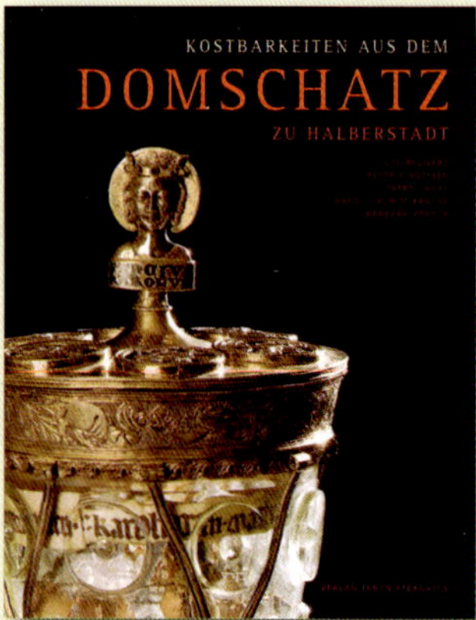

Ute Bednarz, Peter Findeisen, Petra Janke, Hans-Joachim Krause, Barbara Pregla

Kostbarkeiten aus dem Domschatz zu Halberstadt

Herausgeber:

Stiftung Dome und Schlösser in Sachsen-Anhalt,

Evangelischer Kirchenkreis Halberstadt – Domschatz-Verwaltung,

Landesamt für Denkmalpflege und Archäologie Sachsen-Anhalt

3., überarbeitete, neu fotografierte, erweiterte Auflage
208 Seiten
215 farbige Abbildungen
gebunden, Schutzumschlag
22 x 28 cm
28,– EUR
ISBN 978-3-89923-128-1

Reliquien von verehrten Heiligen, goldene Kästchen, jahrhundertealte Gewänder, kostbare Teppiche – der Halberstädter Domschatz zählt unbestritten zu den beeindruckendsten und bedeutendsten Kirchenschätzen der Welt.
In der Harzstadt funkelt dieser über 1000 Jahre gewachsene Schatz nicht im Verborgenen, sondern ist in einer prächtigen Ausstellung für jedermann zu bestaunen. Erst 2008 wurde die Präsentation im Dom St. Stephanus und St. Sixtus, einem der schönsten Kirchenbauten der Gotik, und in den Stiftsgebäuden neu gestaltet. Sie entwickelte sich binnen kürzester Zeit zu einem Magneten für nicht enden wollende Besucherströme.
Wer würde nicht den Atem anhalten, wenn er zum Beispiel vor dem fast 1600 Jahre alten Konsulardiptychon aus Elfenbein, einem edlen römischen Notizbuch, stünde? Wen würde nicht die Handwerkskunst der insgesamt fast 14 Meter langen Marienteppiche verblüffen, auf denen in zwölf Szenen wesentliche Begebenheiten aus dem Leben der Gottesmutter dargestellt sind? Wer wäre nicht vom Anblick der vergoldeten und mit edlen Steinen verzierten Reliquienbehälter verzaubert und von ihrem einsehbaren Inhalt fasziniert und irritiert? Diesen prunkvollen Zauber einzufangen, ist mit dem Band „Kostbarkeiten aus dem Domschatz zu Halberstadt“ gelungen! Er macht mit seiner repräsentativen Auswahl der vorgestellten Objekte einerseits neugierig auf all die exquisiten Ausstellungsstücke und erweckt durch die bestechenden Fotos Lust, die Schätze selbst zu entdecken – und zwar genau an dem Ort ihrer einstigen Nutzung im Kirchenleben. Andererseits liefern die fundierten Beiträge ausgewiesener Fachleute und Kenner des einmaligen Domschatzes zudem historische Hintergründe und kunsthistorische Einordnungen, mit denen Leser- und Besucherschaft bestens informiert durch die Exposition geleitet werden.
Gezeigt und ausführlich beschrieben werden Kunstwerke der Gattungen Schatz- und Textilkunst, Tafelmalerei, Plastik und Buchmalerei von der Spätantike bis zum ausgehenden Mittelalter. Das Buch nimmt sich zudem Zeit und Raum, um besonders schöne oder seltene Stücke auch auf Doppelseiten und im Detail in den Fokus der Betrachter zu rücken.
Im Zusammenspiel von wertvoller Ausstattung, bestechenden Fotografien und informativen Texten wird so das Buch über die „Kostbarkeiten aus dem Domschatz zu Halberstadt“ selbst zu einem Schatz.

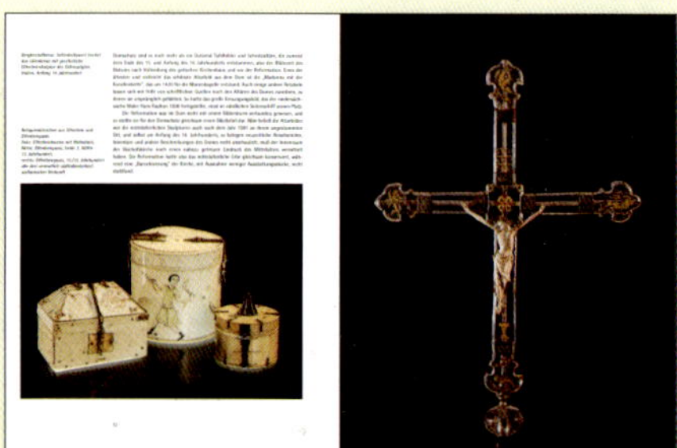

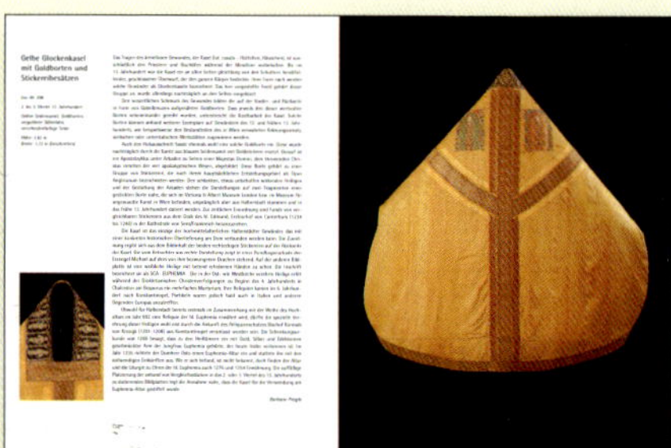

VERLAG JANOS STEKOVICS

Jörg Richter

Der Domschatz zu Halberstadt

Führer durch die Ausstellung

Autor und Verlag danken dem Land Sachsen-Anhalt für die Förderung der Publikation.

Impressum

Kulturreisen in Sachsen-Anhalt, Band 8
Herausgeber: Christian Antz

Titelfoto: Harzwald bei Thale
Frontispitz: Blick ins Bodetal von der Rosstrappe aus
Rückseite: Hans Christian Andersen, 1853, fotografiert von F. Petersen; Quelle: Det Kongelige Bibliotek

Recherchen: Anett Dunte
Lektorat, Satz: Katrin Greiner
Kartografie, Grundrisse: Christoph Jann, Hans-Jürgen Paasch
Layout, Bildredaktion, Gestaltung: Janos Stekovics

Wettin OT Dößel

www.steko.net
ISBN 978-3-89923-234-9